Klaus Blessing

95 polemische Thesen gegen die herrschende Ordnung

W0068250

Klaus Blessing, Jahrgang 1936, war ab 1980 Staatssekretär im Ministerium für Erzbergbau, Metallurgie und
Kali der DDR sowie von 1986 bis 1989 Abteilungsleiter
Maschinenbau und Metallurgie im ZK der SED. Er ist
Autor mehrerer politischer Sachbücher, u. a. *Die Schulden des Westens* (2010), zusammen mit Wolfgang Kühn
Der Osten hängt am Tropf (2012), mit Manfred Manteuf-
fel *Joachim Gauck. Der richtige Mann?* (2013). Zuletzt
erschienen in der edition berolina: *Die sozialistische Zukunft. Kein Ende der Geschichte! Eine Streitschrift* (2014)
und *Wer verkaufte die DDR? Wie leitende Genossen den
Boden für die Wende bereiteten* (2016).

Klaus Blessing

95 polemische Thesen gegen die herrschende Ordnung

Eine Streitschrift für eine gerechtere Welt

edition **b**erolina

ꭰ edition berolina

ISBN 978-3-95841-064-0
1. Auflage
Alexanderstraße 1
10178 Berlin
Tel. 01805/30 99 99
FAX 01805/35 35 42
(0,14 €/Min., Mobil max. 0,42 €/Min.)

© 2017 by BEBUG mbH / edition berolina, Berlin
Umschlaggestaltung: Buchgut, Berlin
Druck und Bindung: GGP Media GmbH, Pößneck

www.buchredaktion.de

Inhalt

I.

Vorbemerkung des Autors

Seit Jahren polemisiere ich in Büchern, Artikeln und auf Vorträgen gegen »die herrschende Ordnung«. Das tun andere auch. Die verwerflichen Erscheinungen des real existierenden Kapitalismus auf den unterschiedlichsten Gebieten werden häufig kritisiert: Krieg, Armut, Umweltzerstörung, Finanzkrisen und vieles andere. Mir geht es jedoch um mehr: Ich möchte nicht nur die Erscheinungen kritisieren, sondern an die Wurzel des Übels heran: das kapitalistische System und seine Grundlagen. Und ich möchte Gedanken beitragen zu seiner Überwindung. Diese entstehen nicht im luftleeren akademischen Raum. Sie basieren auf kritischen Erfahrungen eines praktizierten anderen Systems, das den anspruchsvollen Namen »Sozialismus« trug. Kann es unter den Bedingungen des 21. Jahrhunderts einen neuen Anlauf dazu geben? Was ist verallgemeinerungsfähig? Was ist warum gescheitert?

Umfangreiche Bücher zu lesen, ist in den heutigen Zeiten einer schnelllebigen, von Informationen überfluteten Gesellschaft ein häufig anstrengendes Unterfangen, dem sich nicht viele gern unterziehen. Leser und Diskutanten meiner Bücher haben mich deshalb gebeten – und dazu animiert –, meine Auffassungen in kurzen, allgemein verständlichen Thesen niederzulegen. Das ist im Jahr 2017 besonders reizvoll, und so nehme ich das 500. Jubiläum der Lutherthesen zum Anlass, aktuelle Thesen zu artikulieren: polemisch, provokant, populär. Thesen müssen vereinfachen, in wenigen Worten das

Wesentliche zum Ausdruck bringen. Dabei ist mir der schmale Grat zwischen »populär« und »populistisch« durchaus bewusst. Um letzterem Vorwurf entgegenzuwirken, werde ich in meine nachfolgenden Thesen einige Fakten einfügen. Auszüge aus meinen Reden, Schriften und notwendige aktuelle Ergänzungen füge ich im Abschnitt III »Antworten auf wichtige Fragen« den Aussagen hinzu, wo mir die Thesen besonders streitbar erscheinen und sie einer Fundierung bedürfen.

Das Formulieren von Thesen ist für mich in weiterer Hinsicht bedeutungsvoll. Bereits Martin Luther brach mit der akademischen kirchlichen Debatte. Er »schaute dem Volk aufs Maul« und fand eine Sprache, die das Volk verstand. Auch heute ist es notwendig, die Debatten um eine gerechtere Gesellschaftsordnung aus akademischen Studierstuben, wissenschaftlichen Einrichtungen und Parteizentralen herauszuholen und »unter das Volk« zu bringen.

Meine Thesen sind »gegen die herrschende Ordnung« und auf eine linke Alternative gerichtet. Die Entwicklung in großen Teilen der Welt zeigt: Viele Menschen sind mit der alles beherrschenden kapitalistischen Ordnung als Ganzem unzufrieden, sie stellen das System in Frage. Diese Bewegung ist in Zentren des Kapitals – USA, Großbritannien, Italien – angekommen. Viele Menschen – die Verlierer der seit Jahrzehnten gepriesenen und praktizierten Globalisierung – suchen nach generellen Orientierungen und Auswegen, glauben durch Wahlen und Volksentscheide das System überwinden zu können.

Da linke Bewegungen keinen überzeugenden Ausweg bieten, werfen sich viele Menschen nationalistischen Populisten in die Arme. Einer der größten lebenden

Universaltheoretiker, der britische Physiker Stephen Hawking, interpretiert Brexit und Trump-Wahl »als Wutschrei von Menschen, die sich von ihren Politikern aufgegeben fühlen«. Er weist auf das kosmopolitische Moment hin: »Das ist ein kritischer Moment für unseren Planeten! In ein paar hundert Jahren werden wir vielleicht Kolonien inmitten der Sterne gründen, aber im Moment haben wir nur einen Planeten. Wir müssen zusammenarbeiten, um ihn zu schützen.«[1]

Die Protestbewegung marschiert jedoch in die falsche Richtung. Das Protestpotential muss für links orientierte Veränderungen gewonnen werden. Dazu ist es notwendig, den miserablen Zustand der linken Bewegungen zu überwinden. Ich komme nicht umhin, diesen beim Namen zu nennen.

Mein Anliegen ist es, mit den Thesen und moderner Kommunikation wenigstens einen Teil der interessierten Menschen zu erreichen, sie zur geistigen kritischen Auseinandersetzung mit dem jetzigen Sein anzuspornen, um letztlich die dringend notwendigen gesellschaftlichen Veränderungen anzustoßen. Das polemische Risiko dabei kenne ich. Mir geht es nicht um »vorbehaltlose Zustimmung« zu meinen Auffassungen – ich möchte aufrütteln und wenigstens nachdenklich machen.

---

1   Stephen Hawking in: »Ungleichheit bedroht den Planeten«. In: *Der Tagesspiegel*, 3. Dezember 2016.

II.

95 polemische Thesen gegen die herrschende Ordnung

Zustandsbeschreibung der Welt: katastrophal

1. Die Welt befindet sich in einem katastrophalen Zustand. 25 Jahre weltweit weitgehend ungebremste Ausbreitung des Kapitals haben politisch, wirtschaftlich, militärisch, sozial, kulturell, juristisch und ökologisch zu verheerenden Auswirkungen geführt. Diese Entwicklung verstärkt sich ständig.

2. Milliarden Menschen werden die elementarsten Menschenrechte auf Leben, Ernährung, Wohnung, Arbeit, Gesundheit und Bildung vorenthalten. Abermillionen sterben durch Kriege, Flucht, Hunger, Krankheit. Statt Veränderungen herbeizuführen, predigen die Verursacher dieses Elends »universelle Menschenrechte« und fassen unwirksame Beschlüsse zur Verbesserung in den nächsten Jahrzehnten.

3. Ungebremstes Bevölkerungswachstum in armen Ländern mangels eigener wirtschaftlicher Entwicklung, Gesundheitsversorgung, Bildung, gestützt auf klerikale Abhängigkeit und veraltete Traditionen, führt dazu, dass sich große Teile der Welt in einen »Planeten der Slums« verwandeln. Bereits jetzt muss jeder siebte Erdenbürger in einem Slum vegetieren – und ist so der Zusammenballung von Unrat,

Kot, Krankheit, Hunger und Kriminalität ausgeliefert. Große Teile der zuwachsenden Bevölkerung, besonders in Südasien und Afrika, aber auch zunehmend in Industrieländern, landen in diesen menschenunwürdigen Gebilden.

4. Der Planet Erde wird ausgeplündert und zerstört. Bereits heute »verbraucht« die Menschheit jährlich 1,4 Planeten. Sie verbraucht mehr Ressourcen, als die Erde erneuern kann. Wenn alle Erdenbürger derart verschwenderisch leben würden wie deutsche Wohlstandsbürger, bräuchte die Welt drei Planeten. Erst verschwinden Arten der Flora und Fauna. Das einzigartige menschliche Leben im bisher erkannten Universum läuft Gefahr, sich durch Profitgier, Dummheit, Arroganz und Machthunger selbst auszulöschen.

5. Die Wirtschaft ignoriert weitgehend den wirklichen Bedarf der Menschen. Sie erforscht und produziert die unsinnigsten Erzeugnisse und Leistungen, wenn sie Profit bringen. Die elementaren Lebensbedürfnisse von Milliarden Menschen bleiben unbefriedigt.
Neueste »Spitzenleistungen« werden auf der weltgrößten Funkausstellung präsentiert: vernetzte Dunsthauben, die erkennen, was gerade gebraten wird und wie stark der Abzug einzustellen ist, damit das Gesurre nicht beim Fernsehen der Lieblingsserie oder die Börsennachrichten stört; Kühlschränke mit Kameras, die in den Supermarkt senden, was gerade einzukaufen ist ... Milliarden Menschen wären glücklich, wenn sie überhaupt etwas Essbares hät-

ten. Die Industrieländer wissen vor Torheit nicht mehr, womit sie noch Wirtschaftswachstum generieren und Rohstoffe, Wissen und Finanzen verschwenden sollen.

6. In den Industrieländern führt ungezügeltes Wirtschaftswachstum mit vielfach nutzlosen Produkten und künstlich erzeugter begrenzter Haltbarkeit von Verbrauchsgütern zu grenzenloser Verschwendung. Die Ressourcen des Planeten werden ebenso überstrapaziert wie seine Aufnahmefähigkeit für Abfälle.

7. Ständiges und beschleunigtes Wirtschaftswachstum wird jedoch als Allheilmittel zur Lösung der drängendsten Wirtschafts- und Sozialprobleme angepriesen. Die Ursache des Übels soll durch Vergrößerung des Übels überwunden werden!?
Die hochentwickelten Industriestaaten benötigen kein globales Wirtschaftswachstum mehr, sondern die Konzentration auf den wirklichen Bedarf der Menschen und eine gerechte Verteilung der Wirtschaftsergebnisse auf alle Menschen.

8. Wirtschaftswachstum dient vorrangig der weiteren Vermehrung des obszönen Reichtums der Industrieländer und in diesen der Oberschicht. Von 1990 bis 2013 wuchs die Wirtschaft in den USA um 30.000 Dollar pro Kopf. In einem der ärmsten Länder – Bangladesch, Billigstlieferant für viele Produkte – um 630 Dollar pro Kopf. Dadurch haben die USA nunmehr ein Pro-Kopf-Einkommen von 53.100 Dollar, Bangladesch eines von 900 Dollar!

9. Unterentwickelte Länder benötigen zwingend Wirt-schaftswachstum, um die lebensnotwendigen Be-dürfnisse ihrer Völker zu befriedigen. Damit der Planet »nicht aus den Nähten platzt«, müssten die Industrieländer ihr Wachstum verringern und reale Entwicklungshilfe leisten, statt Mensch und Natur dieser Länder für ihre Profitgelüste auszuplündern. Jedoch erfordert Wirtschaftswachstum auch in Ent-wicklungsländern Verteilungsgerechtigkeit, wenn es den Menschen dienen soll.

10. Die »Globalisierung« schlägt auf ihre »Erfinder« – die Kapitalistenklasse und deren Politiker – zurück. In den entwickelten Industrieländern führt sie zum Ausverkauf vieler Wirtschaftszweige in Entwick-lungsländer. Sie hat für viele Menschen Arbeits-losigkeit, Unterbeschäftigung, Lohndumping und Perspektivlosigkeit zur Folge.
In den Entwicklungsländern profitieren die meis-ten Menschen kaum davon. Sie arbeiten unter er-bärmlichen Bedingungen für Hungerlöhne. Häufig unter Umgehung von Mindeststandards des Ar-beits- und Umweltschutzes steigern sie steuerfrei die Maximalprofite der multinationalen Konzer-ne und dienen der Bereicherung einer korrupten Oberschicht.
Der Widerstand breiter Volksschichten nimmt zu, da die Mehrheit der Menschen zu den Verlierern der Globalisierung gehört. Die Theorie, dass internatio-nale Arbeitsteilung und freier Welthandel letztlich allen nützt, hat sich in Zeiten der Globalisierung als Lüge entpuppt. Nutzen ziehen überwiegend die multinationalen Konzerne. Verlierer sind Milliarden

Menschen weltweit. Sie stellen zunehmend das kapitalistische Wirtschaftssystem in Frage.

11. Die soziale Spaltung der Gesellschaft hat national und international ungeheure Ausmaße angenommen. Sie schreitet weiter voran. Reich wird noch reicher – arm wird noch ärmer. Von über sieben Milliarden Menschen leben maximal zwei Milliarden in entwickelten Industriestaaten in bescheidenem Wohlstand. Das reiche ein Prozent der Weltbevölkerung besitzt ebenso viel Vermögen wie die »restlichen« 99 Prozent. 136 Billionen Euro Geldvermögen haben wenige Menschen weltweit gebunkert – mehr als alle Firmen an der Börse wert sind und alle Staaten dieser Welt Schulden haben.

12. Diese Perversion wird beschleunigt vorangetrieben. Permanent wird von unten nach oben umverteilt. Im Jahr 2009 betrug das weltweite Brutto-Geldvermögen 96 Billionen Euro und gehörten »nur« 44 Prozent des weltweiten Vermögens dem einen Prozent der Weltbevölkerung. Im Jahr 2016 hat sich der Anteil auf 50 Prozent erhöht. Die Hilfsorganisation Oxfam konstatiert: Die Geschwindigkeit, mit der die Kluft zwischen Arm und Reich wächst, ist noch größer als erwartet. Die soziale Ungleichheit droht, die Fortschritte bei der Armutsbekämpfung zunichtezumachen.

13. Die USA sind – abgesehen von reichen Kleinstaaten – das reichste Land der Welt. Im statistischen Durchschnitt besitzt »jeder« US-Bürger (umgerechnet) ein Netto-Geldvermögen von 161.000 Euro.

»Jeder« US-Bürger hat im Durchschnitt auch einen Schuldenberg von 15.000 Dollar. Die Crux an der Statistik: Das Vermögen hat die Oberschicht, die Schulden die Unterschicht, Tendenz steigend: Die reichsten 10 Prozent der Amerikaner erzielten 2007 mit 49,7 Prozent fast die Hälfte des Gesamteinkommens. In den 1970er Jahren lag der Anteil noch bei »nur« 33 Prozent.

14. Auch in Deutschland wächst die Ungleichheit. Rund 45.000 Euro hat »jeder« statistisch auf der hohen Kante. Ständig geistern neue Meldungen durch die Medien, dass das Vermögen »der Deutschen« schon wieder gestiegen sei. Das Problem: Zwei Drittel des Gesamtvermögens »gehören« den oberen 10 Prozent, ganze 1,4 Prozent den unteren 50 Prozent der Gesellschaft. Fakt: Nicht das Vermögen »der Deutschen« steigt, sondern das der Oberschicht. In der Unterschicht steigt die Armut.

15. Politik, Wissenschaft und Medien begnügen sich damit, diese Zustände permanent zu dokumentieren. Fast monatlich liefern hochdotierte Einrichtungen Studien und Gutachten mit immer gleichen Ergebnissen ab: Der Reichtum steigt, die Armut auch. Bis zum nächsten Bericht wird zur Tagesordnung übergegangen. Die Wurzeln für diese Erscheinungen werden nicht bloßgelegt, geschweige denn Maßnahmen zu ihrer Beseitigung eingeleitet.
Linke fordern erfolglos eine »Umverteilung von oben nach unten«. Das Kapital verteilt derweilen kräftig weiter von unten nach oben.

16. Arbeitslosigkeit, beschränkte und prekäre Arbeits-
    verhältnisse sowie Perspektivlosigkeit besonders
    für Teile der Jugend greifen um sich. Das Ziel des
    Kapitals ist die weitgehend arbeitsfreie Welt, nicht
    nur für den Maximalprofit, sondern auch zur Aus-
    schaltung der Kampfkraft der Arbeiter. Roboter
    streiken nicht!
    Sehen wir nicht, wo der Automatisierungswahn und
    die Digitalisierungseuphorie hintreiben? »Die Au-
    tomatisierung der Fabriken hat viele traditionelle
    Arbeitsplätze vernichtet. Das Internet hat es einer
    sehr kleinen Gruppe ermöglicht, enorme Gewinne
    zu machen und dafür nur wenige Menschen zu be-
    schäftigen. Digitalisierung ist sozial destruktiv. Wir
    leben in einer Welt größer werdender Ungleichheit.«
    (Stephen Hawking)

17. Arbeitslosenzahlen werden geschönt. Viele Men-
    schen resignieren, lassen sich wegen Aussichtslo-
    sigkeit überhaupt nicht mehr registrieren. Die USA
    weisen 6 Prozent Arbeitslose aus, die Realität liegt
    bei annähernd 20 Prozent. In Deutschland sind
    statt offiziell 2,7 mindestens 3,7 Millionen Men-
    schen arbeitslos, insbesondere weil zeitbefristete
    und prekäre Arbeitsverhältnisse nicht in die Statis-
    tik einbezogen werden.
    Arbeitslosenzahlen sagen so nur wenig über die tat-
    sächlichen Lebensverhältnisse aus. Mit Zeitarbeit,
    Leiharbeit, Mindestlohn können viele Menschen
    kein würdiges Leben führen. Armut, Suppenküchen,
    Obdachlosigkeit, Betteln sind auch in reichen Staa-
    ten in Zeiten allgemeinen Wirtschaftswachstums
    Alltag. In der »reichen« EU ist jeder vierte Bürger

von Armut bedroht. Im »superreichen« Deutschland sind von den Vollzeitbeschäftigten über 7 Prozent trotzdem arm.

18. Das Ausspielen von Jung gegen Alt mit der demographischen Keule und der Androhung ständig längerer Lebensarbeitszeit geht von der ökonomisch längst überholten These aus, dass Arbeitende die Menschen ohne Arbeit alimentieren müssen.
Die Abgaben auf Arbeit sind überholt. Sie verteuern die Arbeit künstlich und treiben die Rationalisierung in irrationale Höhe. Dadurch wird in Zeiten höchster Produktivität nationaler Reichtum ungeahnten Ausmaßes »produziert«. Er »verschwindet« nutzlos in den Privattaschen und Spekulationsblasen der Besitzenden. Er könnte allen ein menschenwürdiges Leben garantieren. Im 21. Jahrhundert sind Abgaben nicht auf Arbeit, sondern auf Ressourcen und Gewinne zu erheben.

19. Wohnung, Gesundheit, Bildung, lebensnotwendige Leistungen werden zunehmend privatisiert. Sie sind am Profit orientiert und dienen privilegierten Schichten. Bodenspekulation treibt die Mieten in die Höhe; Gewinnmaximierung durch Pharmakonzerne und Ärztebereicherung erhöhen die Gesundheitskosten zulasten der Betroffenen; private Bildung nimmt zu; Energie und öffentlicher Verkehr werden immer mehr verteuert.

20. Klimaschäden bedrohen und fordern bereits jetzt viele Menschenleben. Alle Mammutkonferenzen zur Eindämmung des Klimawandels haben sich

als unwirksam erwiesen, da sie nicht in der Lage sind, eine grundsätzliche Änderung der profit- und wachstumsorientierten Wirtschaftspolitik herbeizuführen.

Trotz großem Getöse und die Umwelt schädigenden Klimakonferenzen mit Zigtausenden Teilnehmern: Der CO_2-Ausstoß steigt ständig weiter an – in 15 Jahren des neuen Jahrhunderts weltweit um fast 40 Prozent! Die Konferenz von Marrakesch hat nun das Wunder beschlossen: Einhaltung der Zwei-Grad-Erwärmung! Wirksame Maßnahmen? Fehlanzeige! Energielobby, Trump ebenso wie die deutsche Autolobby arbeiten bereits kräftig an der Torpedierung der unverbindlichen Ziele.

21. Ungeheure fiktive Finanzmittel konzentrieren sich in wenigen »Händen« und dienen rein spekulativen Zwecken. Staaten verschulden sich bei diesem Finanzkapital, werden von diesem erpresst. Die weltweite Staatsverschuldung beträgt gegenwärtig annähernd 60 Billionen US-Dollar – die privaten Geldvermögen über 100 Billionen US-Dollar. Lebensnotwendige Leistungen werden systematisch abgebaut, um dem Finanzkapital neue Nahrung zur Spekulation zuzuführen.

22. Politisch nimmt die Entscheidungsgewalt der Staaten besorgniserregend ab. Staaten und ihre (schein-) demokratischen Institutionen hängen am Gängelband der Finanzmärkte und den dahinterstehenden Personen und Institutionen, da alle Staaten bei diesen verschuldet und dadurch abhängig sind. Reale politische Macht geht nicht von Politikern aus, son-

dern von den »Finanzmärkten«. Politiker werden zu ihren willfährigen Handlangern.

23. Vielfach und zunehmend gelangen milliardenschwere, herumpöbelnde Politclowns in westlichen »Demokratien« durch primitiv-populistische Stimmungsmache an die Schalthebel der Macht. Sie nutzen diese für autoritäre und nationalistische Regierungsführung. Die »westliche Demokratie« entlarvt sich selbst.

24. Staaten werden von den USA und der NATO – häufig unter Anwendung militärischer Gewalt – zerschlagen. Terrororganisationen und Clans übernehmen staatliche Gewalt. Flüchtlingsströme großen Ausmaßes durchziehen die Lande. Tausende Todesopfer »zieren« ihren Weg. Im letzten Jahr sind nach Angaben der Internationalen Organisation für Migration (IOM) 5000 Flüchtlinge im Mittelmeer ertrunken – so viele wie in keinem Jahr zuvor. Mindestens 230 Menschen sind an der Grenze USA/Mexiko ums Leben gekommen.

25. Die reichen Staaten – Verursacher von Armut und Krieg – schotten sich ab. Bei Flüchtlingsströmen und Terrorismus werden nicht die Ursachen und Verursacher bloßgestellt und bekämpft. Stattdessen werden Flüchtlinge diffamiert und für nationalistische Meinungsmache instrumentalisiert. Flucht und Elend sind nur zu vermeiden, wenn allen Regionen, Religionen und Menschen ein würdiges Dasein unter Achtung ihrer historischen, weltanschaulichen, ethischen und religiösen Besonderheiten und Wur-

zeln zugestanden wird. Der »Westen« sollte es unterlassen, seine zerstörerische Lebensauffassung – vorrangig durch Krieg – in die Welt zu exportieren.

26. Militärische Abenteuer im Kampf um die letzten Ressourcen, um neue Absatzgebiete für eine gesättigte Globalwirtschaft, zur Zerschlagung politisch missliebiger Gesellschaften und zur Erweiterung des Machtbereiches sind wieder Alltagsgeschäft und breiten sich rund um den Globus aus. Die Rüstungsindustrie der führenden Industriestaaten – mit Deutschland in der Spitzengruppe – benötigt diese Kriege für ihre Profite und zur Erprobung und zum Absatz ihrer Kriegswaffen. »Der Kapitalismus trägt den Krieg in sich wie die Wolke den Regen.« (Jean Jaurès)

27. Weltweit führend dabei sind die USA, »Hüter der Demokratie und der Menschenrechte«. Nach dem Zweiten Weltkrieg hat die Welt 248 bewaffnete Konflikte erlebt. 201 davon (81 Prozent) liefen mit aktiver USA-Beteiligung ab. In diesen Kriegen wurden 30 Millionen Menschen – davon rund 90 Prozent unschuldige Zivilisten – von US-Militärs getötet.

28. Das Bildungsniveau des Volkes wird systematisch abgebaut. Dieses kapitalistische System benötigt nicht den gebildeten Menschen. Die Mehrheit der Menschen wird zum Konsumtrottel degradiert – gierig nach Geld und Besitz und politisch ungebildet. Das ist die Existenzgrundlage des Systems. Die Gier überlagert alle anderen menschlichen Werte.

29. Dieses Menschenbild wird in die Welt exportiert, als Grundlage für den Export des Systems. Nur mit »Konsumtrotteln« kann das Kapital seine ständig steigenden Profite realisieren. Völker und Kulturen, die sich gegen dieses absurde Menschenbild auflehnen, werden diffamiert und bekämpft – häufig mit Gewalt.

30. Die Kirchen sind immer noch tragender Bestandteil des Systems und prägen das Denken vieler Menschen. Jahrtausendealter religiöser Glaube, verbunden mit verstaubten Ritualen, wird von den Herrschenden zur Machtausübung missbraucht. Durch die dogmatische und fanatische Ausrichtung des menschlichen Denkens auf ein »Höheres Wesen«, ein »Weiterleben im Jenseits« oder die »Wiedergeburt« werden Menschen von der Veränderung der Welt auf Erden abgehalten oder im Interesse der politischen Machthaber fanatisiert. Selbstmordattentäter glauben an das Paradies im Himmel.

31. Es gilt nicht, »fremde« Religionen zu diffamieren und die »eigene« als die allein seligmachende zu vergöttern, sondern Religionen und ihre Institutionen als das zu entlarven, was sie sind: Instrumente zur Verdummung, zum Machterhalt und zur Fanatisierung der Menschen.

32. Friedensappelle der Kirche und des Papstes sind bedeutungsvoll. Solidarität und kirchliche Sozialdienste sind anerkennenswert, wenn sie denn bei den Bedürftigen ankommen und nicht das Vermögen der Kirche mehren. Die sozialen Probleme lösen sie je-

doch nicht, solange sie Almosen verteilen und nicht das System auf Erden in Frage stellen. Daran ändern auch die Appelle des jetzigen Papstes wenig, so wertvoll sie sein mögen – denn die Erlösung kommt nicht durch Glauben und Beten, sondern durch Handeln.

33. Die »unabhängigen« Medien – am Profit orientierte, weitgehend privatisierte Meinungsmanipulatoren – nehmen die Aufgabe wahr, den menschlichen »Konsumtrottel« gezielt weiterzuentwickeln und das System zu erhalten. Das Niveau in den privaten Medien sinkt ständig. Werbung appelliert an niedrigste Instinkte. Im Konkurrenzkampf um Profit ist keine Story zu primitiv, wenn sie Absatz findet. Die öffentlich-rechtlichen Medien werden in diesen Strudel mitgerissen.

34. »Volksvertretungen« – beispielgebend im »Musterland der Demokratie«, der BRD – bestehen nicht aus Vertretern des Volkes, sondern überwiegend aus Juristen, die dank eines raffinierten Wahlsystems über Jahrzehnte die Abgeordnetenbank drücken können. Die Mitglieder von Regierungen verfügen nicht über Fachkenntnisse, sondern sind überwiegend ebenfalls Juristen mit dem richtigen Parteibuch, die alles und nichts können. Auf jedes Ereignis reagieren sie konzeptionslos und hektisch mit neuen Paragraphen, an die sich ohnehin kaum jemand hält. Parlamente und Regierungen werden als Machtzentren des Staates apostrophiert, was sie nicht sind. Reale Macht wird von der Wirtschaft ausgeübt. Die Debatte über Personen und Posten ersetzt sachbezogene Auseinandersetzungen.

35. Nicht gewählte und rechenschaftspflichtige Politiker oder verantwortliche Wirtschaftsleiter, sondern in der Sache unwissende Richter entscheiden letztlich ohne Verantwortung für die Konsequenzen über die wichtigsten politisch und ökonomisch relevanten Vorgänge ebenso wie über Bagatellen des Alltagslebens. Sie sind jedweder demokratischen Legitimation und Kontrolle entzogen. Politiker aller Schattierungen verstecken sich hinter »weisen« Richtersprüchen.

36. Der Mainstream preist das als »Rechtsstaat«. Dem Wesen nach ist es eine durch niemanden kontrollierte »Gerichtsdiktatur« mit wechselnden, ungewissen Ergebnissen. Schon Martin Luther wusste: »Ein Jurist, der nicht mehr als ein Jurist ist, ist ein arm Ding.«
Staaten, die in Gegenwart und Vergangenheit diesem Unsinn nicht folgen und Entscheidungen den dafür Kompetenten überlassen, werden als Unrechtsstaaten diffamiert. Die BRD hat jedoch bis heute keine Verfassung, sondern ein dem Volk nie zur Abstimmung vorgelegtes Grundgesetz. Die darin enthaltene Festlegung, nach der »deutschen Wiedervereinigung« dem Volk eine Verfassung zum Entscheid vorzulegen, wird ignoriert.

37. Wahlen werden als höchste Form der Demokratie gepriesen. Das politisch überforderte Wahlvolk kann Parteien und Personen austauschen, die mit leeren Worthülsen Wahlpropaganda betreiben. Am Inhalt der Politik ändert das wenig, am System gar nichts. Wenn es anders wäre, gäbe es keine »freien«

Wahlen. Wenn im Ausnahmefall eine andere Politik gewählt wird, zeigt das Finanzkapital, wer die Macht hat. Das »demokratische« Wahlergebnis wird ignoriert, die Wahl-»Sieger« werden erpresst.

38. Die Mehrheit der Menschen hat die Schnauze voll von dieser menschenverachtenden Gesellschaftsordnung. Sie sucht nach Auswegen – und findet keine. Viele glauben nicht mehr an die etablierten Parteien und die korrupten Politiker. Soziale Ungerechtigkeit und politische Verdummung treiben große Teile des Volkes in rechte Arme mit zunehmend nationalistischen Bestrebungen. Mehr und mehr Menschen legen irrationales Verhalten in Wahlen und »Volksabstimmungen« an den Tag. Sie boykottieren die herkömmliche Demokratie durch Wahlverzicht oder durch Wahl rechtspopulistischer Volksverführer. Linke bieten keine realen, die Menschen mobilisierenden Alternativen.

WARUM SCHEITERTE DIE REALE SOZIALISTISCHE ALTERNATIVE?

39. Ein Drittel der Menschheit hatte es im 20. Jahrhundert gewagt, wesentliche dieser Zustände zu überwinden. Die Herrschaft des Profits über die Menschen wurde beseitigt. Die privaten Ausbeuter wurden enteignet. Diese reale sozialistische Alternative zum Kapitalismus ist im 20. Jahrhundert gescheitert. Sie war trotz ihrer Mängel die friedlichste, wirtschaftlich stabilste und sozial gerechteste Periode in der Geschichte.

40. Eine Ursache für die Wirkungslosigkeit der linken Bewegungen liegt darin, dass sie bis heute die Niederlage des realen Sozialismus nicht vorbehaltlos analysiert, verarbeitet und die tiefgreifenden Ursachen dafür aufgedeckt haben. Sie verlieren sich in einzelnen äußeren und inneren Faktoren, personellen Schuldzuweisungen und pauschaler Diffamierung.

41. Die bisherigen Analysen für das Scheitern des Sozialismus gehen von einem falschen Ansatz aus. Sie messen die Ergebnisse des praktizierten Sozialismus an Kriterien des Kapitalismus: Produktivität und Konsumtion. Politiker im realen Sozialismus sind durch unrealistische Zielstellungen auf diesen Gebieten dafür mit verantwortlich.

42. Die tiefgreifende Ursache des Scheiterns lag auch an einer dogmatischen Auslegung des Marxismus-Leninismus für den Aufbau einer sozialistischen Gesellschaft. Er wurde nicht schöpferisch angewandt, schon gar nicht weiterentwickelt, sondern im Stil einer Religion dogmatisch interpretiert als ein fertiges allgemeingültiges Programm und in allen gesellschaftlichen Bereichen praktiziert.

43. Dem praktizierten Sozialismus lag als geistig-ideologische Position zugrunde:
Das Ziel ist die kommunistische Gesellschaft, in welcher jeder nach seinen Bedürfnissen leben kann. (Marx/Engels)
Die erste Etappe dazu ist eine sozialistische Gesellschaft. Diese hat dann gesiegt, wenn sie eine höhere

Arbeitsproduktivität als die führenden kapitalistischen Staaten erreicht hat. (Lenin)
Deshalb ist es notwendig, diese Länder auf dem Gebiet der Konsumtion und Produktivität nicht nur einzuholen, sondern zu überholen. (Ulbricht, Chruschtschow)
Mit der Hauptaufgabe soll dieses Ziel in Einheit von Wirtschafts- und Sozialpolitik durchgesetzt werden. (Honecker)

44. Der Mensch ist das einzige Lebewesen auf der Erde, das in Zusammenhängen denken kann – oder sollte. Deshalb müssen wir uns von starren, mechanischen, undialektischen und ahistorischen Denkmustern lösen und aus den Tatsachen die richtigen Schlussfolgerungen ziehen.

45. Ein Ziel nach dem Motto: »Jeder lebe nach seinen Bedürfnissen«, war und ist unrealistisch und falsch, da es auf einen übermäßigen Konsum orientiert. Seine Erfüllung im 21. Jahrhundert würde mehrere Planeten erfordern. Das Sozialistische Ziel des 21. Jahrhunderts könnte lauten: Allen Menschen ein würdevolles Leben nach ihren Grundbedürfnissen!

46. Die Lehrmeinung im realen Sozialismus: »Der Sozialismus hat gesiegt, wenn er eine höhere Arbeitsproduktivität als die führenden kapitalistischen Länder erreicht hat«, war irreführend. Sozialistische Länder können nicht die auf Ausbeutung von Mensch und Natur rund um den Globus erreichten Produktivitäts- und Effektivitätsfortschritte führender kapitalistischer Industriestaaten überholen. Die durch

ständige Steigerung der Arbeitsproduktivität fort-
dauernde Freisetzung von Arbeit ist im 21. Jahrhundert ebenso ein Irrweg wie die unendliche Steigerung des Konsums.

47. Dogmatische »Glaubensbekenntnisse« und Ideolo-
gie-Exporte sind fehl am Platze und führen dann ins
Verderben, wenn scheinbar in ihrem Namen schlim-
me Verbrechen an der Menschheit begangen werden. Die unter Missbrauch des Begriffs »Kommunismus« in Teilen der Welt begangenen Verbrechen
sind zu verurteilen. Sie sind nicht zur Durchsetzung
einer Ideologie zu rechtfertigen.

48. Die Gestaltung von Gesellschaftsordnungen hat
von den historischen, ethnischen und kulturellen
Traditionen auszugehen. Deshalb werden in unterschiedlichen Regionen unterschiedliche Formen
der Ausgestaltung der sozialistischen Gesellschaft
eintreten, die jedoch einige grundlegende Charak-
termerkmale aufweisen: Frieden, Solidarität, soziale und politische Gerechtigkeit, Vollbeschäftigung,
wirkliche Demokratie.

49. Die Diktatur des Proletariats war problematisch
und ist historisch überholt. Sie würde erneut eine
Klasse privilegieren. Sie diente der Führung und ihrer Partei für autoritäre Leitungsmethoden. Diese
durchdrangen praktisch alle gesellschaftlichen Bereiche. Sie schuf die Grundlage für die Entfernung
der Führung von der Basis. Sie ersetzte damit weitgehend die Aufgaben der Staatsmacht. Die wirksame Demokratie des Volkes wurde eingeschränkt.

Dagegen begehrten viele Menschen in der »Wendezeit« auf.

50. Teile der Arbeiterklasse sind im realen Kapitalismus
durch das Kapital selbst privilegiert. Arbeiter bei
VW, Siemens, Bayer, BASF, Piloten, Lokführer und
andere kämpfen mit ihren Branchengewerkschaf-
ten um Partikularinteressen zur Verbesserung ihrer
Arbeitsbedingungen und Einkommen. Sie sind so
nicht die revolutionäre Kraft zur Veränderung der
Gesellschaft und der von dieser Ausgegrenzten. Revolutionäre Veränderungen des Systems erfordern
im 21. Jahrhundert die Einbeziehung aller vom Kapital ausgebeuteten und vor allem ausgestoßenen
Bevölkerungsschichten. Statt Diktatur einer Klasse
gilt es, von vornherein breite Volksschichten in die
Entscheidungsfindung und in revolutionäre Aktionen einzubeziehen.

51. In allen real sozialistischen Gesellschaften war die
Rolle des Parteivorsitzenden (Generalsekretärs) autoritär und einer demokratischen Kontrolle weitgehend entzogen. Das galt auch für große Teile der
Parteiführung.

52. Der Untergang des Sozialismus ist deshalb auch mit
schwerwiegenden subjektiven Fehlern verbunden.
In der UdSSR setzte unter Breschnew eine Periode
der geistigen und gesellschaftlichen Stagnation ein.
Gorbatschow gab vor, den Sozialismus erneuern zu
wollen, ohne dafür ein gesellschaftliches Konzept zu
haben. In der DDR träumten Honecker und Mittag
von einer deutsch-deutschen Konföderation, ohne

dafür inhaltlich ausgereifte konzeptionelle Vorstellungen zu haben. Sie gingen der westlichen Einverleibungspolitik auf den Leim.

53. Westlich orientierte Politiker in der DDR gaben sich dem Irrglauben hin, mit westlichen Politikern und Kapitalisten »zum gegenseitigen Vorteil« verhandeln zu können. Sie »übersahen«, dass es sich um den politischen Gegner handelte, der nur ein Ziel hatte: die langjährig vorbereitete Annexion der DDR zu vollziehen.

54. Schalck hortete mit Wissen und Billigung von Honecker und Mittag auf geheimen Konten Milliarden Devisen und DDR-Vermögen. Sie entzogen diese der Volkswirtschaft, verschleierten deren Existenz und stellten sie in der Wendezeit nicht der legitimen DDR-Regierung zur Verfügung. Schalck initiierte, und Schürer unterschrieb dramatisierte und falsche Informationen – »Schürer-Bericht« – über die Verschuldung der DDR, die die Handlungsfähigkeit der DDR-Regierungen in der Wendezeit lähmten und zum würdelosen Anschluss an die BRD führten. Sie werden bis heute missbraucht, um eine Verschuldung und Pleite der DDR-Wirtschaft zu begründen, die es real nicht gab.

55. Nur bei einer klaren und überzeugenden Zukunftsvision und Überwindung der Fehler der Vergangenheit werden Menschen für eine neue sozialistische Perspektive zu gewinnen sein. Dabei sollten Linke nicht die Illusion erwecken, eine sozialistische Alternative sei das Paradies auf Erden. Das gibt es nicht.

Auch eine sozialistische Ordnung kann und wird nicht alle anstehenden Gesellschaftsprobleme für alle Menschen zufriedenstellend lösen. Aber eine sozialistische Gesellschaft gibt allen Menschen eine friedliche realistische Lebenschance.

DIE WELT BENÖTIGT DRINGEND EINE LINKE ALTERNATIVE

56. Die linke Bewegung hat sich dem erbärmlichen Zustand der Welt angepasst. Das Kapital hat seine Macht in internationalen Finanzinstitutionen und globalisierten Konzernen verfestigt. Die Linken taumeln dagegen konzeptionslos, zersplittert und in sich zerstritten durch die Welt. Sie sind meist mit sich selbst beschäftigt. Linke Bewegungen agieren zwar gegen Einzelerscheinungen des Kapitalismus, doch dabei grenzen sie sich häufig ab und andere aus. Sie sind kaum zu gemeinsamen Positionen und Aktionen gegen den politischen Gegner in der Lage, nicht einmal in der Friedensbewegung.

57. Ideologisch agieren Linke zwischen zwei Polen: »Reformisten« und »Fundamentalisten«. »Reformisten« meinen, durch Erreichen oder Beteiligung an der Macht Verbesserungen für die Mehrheit der Menschen erreichen zu können. Sie geben sich der Illusion hin, soziale Reformen könnten gemeinsam mit den herrschenden Eliten durchgesetzt werden. Das mag im Kleinen und auf kommunaler Ebene hier und da zutreffen und nützlich sein. Sie glauben, Parlamente und Regierungen sind die Machtzentrale

des Staates. Das Gerangel um Personen und Posten überdeckt politische Inhalte. Sie übersehen – auch nach der griechischen Tragödie –, dass die reale Macht vom Finanzkapital ausgeht.

Sie sind sich auch nicht zu schade, im Interesse ihrer Macht linke Prinzipien und politischen Anstand über Bord zu werfen und sich bedingungslos anzubiedern. Mit Eintritt in Regierungsverantwortung schwindet die politische Eigenständigkeit. Regierungsmitglieder können nicht mehr opponieren. Wer sich anbiedert, kann nicht Klartext reden und angreifen. Gesamtstaatlich beteiligen sich »Reformisten« damit an der Machterhaltung des kapitalistischen Systems.

58. Links außen halten »Fundamentalisten« dogmatisch an Lehrsätzen fest, die den Praxistest nicht bestanden haben. Ihr Einfluss schwindet, viele Menschen sind damit nicht mehr zu erreichen, weil es nicht gelingt, richtige Grundpositionen den neuen Bedingungen anzupassen und den Menschen verständlich und mobilisierend zu vermitteln.

59. Es gilt, beide extreme Positionen zu überwinden und sich anzunähern, um gemeinsam die wichtigsten Fragen anzugehen, um durch linke Bewegungen positive Veränderungen im 21. Jahrhundert herbeizuführen. Warum nicht Beteiligung an der Macht – wenn dabei linke Grundsätze erhalten und durchgesetzt werden können, wenn rote Haltelinien in der Friedens- und Sozialpolitik nicht überschritten werden? Jedoch immer mit der Erkenntnis und Aussage: Eine wahrhaft linke Politik

kann nicht in einem zutiefst kapitalistischen System umgesetzt werden!
Deshalb muss als grundsätzliches Ziel linker Politik unabdingbar die Überwindung des Systems erhalten bleiben. Deshalb müssten auch »Reformisten« ihre Reformansätze aus einer generellen sozialistischen Perspektive ableiten – und nicht umgekehrt, auf den Zug aufspringen, um dann zu sehen, wo er hinfährt.

60. Führungskräfte der im deutschen Parlament vertretenen Partei DIE LINKE haben sich im Wesentlichen der reformistischen Linie angeschlossen. Diese verkünden als erste Aufgabe, »ein zutiefst kritisches Verständnis zum Staatssozialismus« (Gysi). Hat DIE LINKE Macht erreicht, zelebrieren sie diese Auffassung bis zum Exzess (Ramelow). Sodann entdecken Politiker der Partei DIE LINKE »gute Seiten am Kapitalismus, um die guten Seiten weiterzuentwickeln« (Gysi).
Linke Führungskräfte sehen eine künftige sozialistische Gesellschaft auch darin, die Errungenschaften der bürgerlichen Demokratie zu nutzen. Sie freuen sich, dass man über einen demokratischen Sozialismus im Kapitalismus diskutieren kann.

61. Die grundlegende Aufgabe der sozialistischen Bewegung tritt zunehmend in den Hintergrund. Im Erfurter Programm der Partei DIE LINKE von 2011 war noch die Rede von »einem Richtungswechsel in der Politik, der den Weg zu einer grundlegenden Umgestaltung der Gesellschaft öffnet, die den Kapitalismus überwindet«. Eine grundlegende Rich-

tungsänderung ist nur mit grundlegenden Eingriffen in die Eigentumsordnung möglich. Das ist jedoch nicht die vorherrschende Meinung.

62. »Eine sozialistische Partei muss Veränderungen im Verhältnis von Kapital und Arbeit anstreben, was ohne Eingriffe in die Eigentumsverhältnisse nicht geht«, meint Dietmar Bartsch.
Die Co-Fraktionsvorsitzende Sahra Wagenknecht vertritt die Auffassung, »dass es sehr viele andere Möglichkeiten für die Gestaltung wirtschaftlichen Eigentums und die Verfassung von Unternehmen gibt als die unergiebige Alternative zwischen Privat- und Staatswirtschaft«. Viele träumen statt von Enteignung von der allumfassenden Demokratisierung der Gesellschaft – mit Menschen, die immer weniger politische Bildung und Einfluss haben.

63. Mit der Distanzierung vom »Staatssozialismus« und dem »Staatseigentum« schütten Linke das Kind mit dem Bade aus: Gibt es Sozialismus ohne Staat? Wo liegen die »bitteren Erfahrungen« mit dem Staatseigentum? Das sozialistische Staatseigentum schuf die Voraussetzungen für Schritte zur Sicherung einer friedlichen Welt und sozialen Gerechtigkeit. Es verhinderte Profitwirtschaft, Preistreiberei und Spekulationen mit lebenswichtigen Gütern. Es unterband, solange es bestand, den Ausverkauf des Staates DDR an fremde Mächte. Es war die Grundlage für eine wirtschaftliche Entwicklung unter schwierigsten Bedingungen, mit geringer Verschuldung.

64. Eine alte Weisheit besagt: Wer nicht die Gesamtlage betrachtet, ist unfähig, auch nur einen Bereich zu ändern. Linke »Wissenschaftler« und Politiker wollen den anderen Weg gehen: Einzelheiten mitgestalten, um irgendwann und irgendwie das Gesamtsystem zu verändern. Dieses Herangehen passt den kapitalistischen Eliten sehr in den Kram. An Einzelheiten herumkritikastern, dokumentiert »Meinungsfreiheit«. Im Kleinkarierten herumwerkeln, zeigt pluralistische »Handlungsfähigkeit«. Aber bloß nicht die Systemfrage stellen oder gar das Privateigentum als Wurzel allen Übels demaskieren und antasten! DIE LINKE hält sich in großen Teilen an diese Spielregeln.

65. Die linke Bewegung ist wegen fehlender grundsätzlicher Alternativen für das Abdriften breiter Schichten des Volkes zu populistischen Strömungen und Parteien und die Politikverdrossenheit mit verantwortlich.

DIE LINKE BEWEGUNG BRAUCHT NEUE DENKANSÄTZE

66. Der Mensch muss erkennen, und die Gesellschaft sollte ihn dazu erziehen, dass es andere Werte als Massenkonsum sowie nutzlose materielle und geistige Dinge gibt. Werbung in der heutigen Form, die einhergeht mit der Ausspähung der persönlichen Lebensgewohnheiten, ist der absurde Ausdruck des falschen Lebens. Die Grundsätze des »Guten Lebens« in einigen lateinamerikanischen Staaten mit sozialistischer Orientierung sind ein beachtens-

werter Ansatz zur Gestaltung einer anderen Welt: das Abschwören einer reinen Konsumgesellschaft. Stattdessen ein Leben in Einklang mit der Natur und in nationaler und internationaler Solidarität.

67. Das Grundmerkmal einer sozialistischen Gesellschaft ist nicht vorrangig eine höhere Produktivität und Konsumtion gegenüber dem Kapitalismus, sondern eine friedliche Welt mit sozialer Gerechtigkeit, Zugang zu Bildung und Kultur für jedermann, nationaler und internationaler Solidarität. Der Mensch ist ein gesellschaftliches Wesen, er kann nicht im Konkurrenzkampf untereinander als vereinzelte Kreatur leben.

68. Soziale Gerechtigkeit verwirklicht den alten sozialistischen Grundsatz: »Jedem nach seiner Leistung«. Leistung ist Arbeit pro Zeiteinheit. Jeder sollte entsprechend seiner Möglichkeiten seinen Anteil leisten. Einkommen ohne Arbeit ist nur für diejenigen nötig, die nicht arbeitsfähig sind. Bedingungsloses Grundeinkommen ist dem Sozialismus fremd. Parasitäre Millionäre und Milliardäre sind schädlich. Ertrag und Reichtum sind nur durch Arbeit zu erlangen. Spekulation ist auszuschließen.

69. Verteilungsgerechtigkeit heißt, jedem vom Kuchen seinen leistungsgerechten Anteil abzugeben. Das Gebot der Stunde ist es, in entwickelten Ländern nicht den Kuchen zu vergrößern, sondern ihn bedarfsgerecht zu strukturieren und gerecht zu verteilen. Er reicht bequem für alle Mitglieder der Gesellschaft, um ein Leben in sozialer Sicherheit zu führen.

70. Soziale Gerechtigkeit kann auf niedriger und hoher Schwelle der Produktivität erreicht werden. Sozialistische Gesellschaften streben nach einer hohen Schwelle, um den Menschen ein materiell gesichertes Leben zu bieten und sie von erniedrigenden Arbeiten zu befreien. Sie lehnen den vielfachen kapitalistischen Unsinn in den Gebrauchsgewohnheiten ebenso ab wie die Steigerung der Produktivität um ihrer selbst willen zur Erhöhung des Profits.

71. Noch nicht weit entwickelten Ländern muss solidarisch geholfen werden. Das heißt auch: den eigenen Reichtum begrenzen und nicht noch durch Ausbeutung armer Länder erweitern.
Sozialistische internationale Solidarität heißt nicht vorrangig, Spenden zu sammeln, sondern den weniger entwickelten Ländern dabei zu helfen, ihr eigenes Entwicklungstempo zu beschleunigen.

72. Voraussetzung für soziale Gerechtigkeit, internationale Solidarität und Frieden ist ein bestimmender Anteil gesellschaftlichen, besonders staatlichen, Eigentums. Die Verpönung staatlichen Eigentums ist demagogisch. Die Enteignung des Kapitals ist und bleibt die Grundaufgabe jeder sozialistischen Umgestaltung. Die historischen und die gegenwärtigen Entwicklungen beweisen diesen marxistischen Grundsatz eindeutig.

73. Kommunales und genossenschaftliches Eigentum ist Bestandteil einer sozialistischen Gesellschaft, aber nicht ihr Wesensmerkmal, da damit gesamtgesellschaftliche Probleme nicht lösbar sind. Es wer-

den wiederum einzelne Schichten des Volkes privilegiert oder bestraft. Der Staat als Ganzes büßt an Handlungsfähigkeit ein.

74. Privateigentum an Produktionsmitteln und damit verbundene private Aneignung von Erträgen, die durch andere Menschen geschaffen wurden, bedeutet Ausbeutung und ist dem Wesen nach unsozialistisch. Es ist auf das Notwendigste zu beschränken und im Umfang zu begrenzen. Es kann im Kleingewerbe (Mittelstand) dominieren.

75. Grund und Boden gehören dem Volk. Privateigentum, privater Verkauf und Spekulation daran sind unzulässig. Dadurch wird der spekulative Mietwucher unterbunden und bezahlbarer Wohnraum gesichert. Private Aneignung und Vermarktung von Bodenschätzen und anderen Naturreichtümern ist undenkbar. Sie gehören dem Volk und sind vom Staat zu schützen.

76. Plan- und Marktwirtschaft können nicht gleichberechtigt nebeneinander existieren. Wirtschaft ist für den Menschen da, nicht umgekehrt. Auch wenn in der Marktwirtschaft geplant wird und in der Planwirtschaft marktwirtschaftliche Kategorien genutzt werden, bestehen fundamentale Unterschiede.

77. Marktwirtschaft bedeutet: Die Wirtschaft dient dem Profit. Angebot und Nachfrage bestimmen den Preis. Die wirtschaftliche Entwicklung folgt dem Auf und Ab der Preise und Aktienkurse. Sie erzeugt

permanente Krisen und Chaos. Das ist die Quelle für Macht- und Verteilungskriege. Konkurrenz vernichtet ungeheure geistige, materielle und finanzielle Mittel. Lebensnotwendige Produkte und Leistungen für das Überleben der Menschen werden nicht realisiert.

78. Planwirtschaft beinhaltet die Gestaltung der Wirtschaft nach dem Bedarf der Menschen durch weitgehende zentrale Steuerung auf der Grundlage dominierenden gesellschaftlichen Eigentums. Marktwirtschaftliche Kategorien – Preise, Gewinn, Kredit – sind dabei sinnvoll nutzbar.
In einer erneuerten Planwirtschaft sind die gesellschaftlichen und persönlichen Stimuli besser zu nutzen. Die Stimulierung der Wirtschaft, ihrer Leiter und Beschäftigten hat sich jedoch nicht nur am Gewinn, sondern auch an anderen gesellschaftlich nützlichen Kriterien zu orientieren: Beschäftigung, Umwelt, Soziale Dienste.

79. Das Finanzkapital ist zu entmachten, und Finanzinstitute sind zu verstaatlichen. Es gibt keinen »Kapitalmarkt«. Große Vermögen sind zu konfiszieren. Das Bankwesen hat sich auf die Kreditwirtschaft zu konzentrieren. Spekulation ist zu unterbinden.

80. Das Recht auf Arbeit zur Selbstverwirklichung des Menschen und zur Gesamtentwicklung der Gesellschaft ist grundlegendes Menschenrecht und umzusetzen. Arbeit gehört zur Menschwerdung. Jeder Arbeitsfähige sollte die Möglichkeit haben, sich die Mittel für ein menschenwürdiges Leben zu

erarbeiten. Zur Vermeidung von Arbeitslosigkeit ist die Arbeitszeit der Produktivitätsentwicklung anzupassen.

81. Kriege um Ressourcen, Einflusssphären, Machtverteilung und Vermarktung von Rüstungsgütern sind nicht Bestandteil einer sozialistischen Gesellschaftsordnung.

82. Die sozialistische Gesellschaft benötigt einen gut organisierten Staat. Im Gegensatz zum Realsozialismus ist dieser jedoch stärker demokratisch zu legitimieren und zu kontrollieren.

83. Bildung, Gesundheitsversorgung, Altersvorsorge, bezahlbarer Wohnraum, öffentliche Güter und Leistungen sind immanenter Bestandteil des Sozialstaates und durch diesen für alle Menschen, unabhängig vom Geldbeutel, zu garantieren.

84. Die Justiz ist in die Schranken zu weisen. Sie hat keine Entscheidungsgewalt über politische und ökonomische Grundsatzfragen zu erhalten und dadurch die Entwicklung zu hemmen. Dafür sind die rechenschaftspflichtigen Politiker und Leiter zuständig. Das Rechtswesen ist demokratisch zu legitimieren. Recht muss für jeden verständlich und unabhängig vom Geldbeutel einklagbar und nutzbar sein.

85. Die privaten profitorientierten undemokratischen Medien sind abzuschaffen. Der Allgemeinheit zugängliche Medien sind demokratisch zu kontrollieren.

86. Parteien haben sich dann historisch überlebt, wenn sie nur auf den Machterhalt fokussiert sind. Sie sollten stattdessen als geistige Vorhut bei der politischen Willensbildung mitwirken und Massenbewegungen initiieren. Direkt dem Gewissen und den Wählern verpflichtete Abgeordnete aus dem Volk sollten Macht erhalten.

87. Erst wenn die Menschen wieder politisch gebildeter sind, können diese selbst verstärkt basisdemokratische Entscheidungsprozesse und schrittweise Entscheidungen des Staates übernehmen. Erst wenn Menschen begreifen – und dazu »erzogen« werden –, dass es andere Lebensziele als die Gier nach Geld und Besitz gibt, hat eine sozialistische Alternative eine Chance. Erst wenn Menschen erkennen, dass man den katastrophalen Zustand der Welt nicht wirkungsvoll durch Einzelmaßnahmen bessern kann, sondern nur durch Überwindung des auf den Profit ausgerichteten Wachstumskapitalismus und Enteignung großer Privatbesitze, ist eine Veränderung möglich.

DIE LINKE BEWEGUNG BRAUCHT EINEN REALISTISCHEN WEG

88. Die linke Bewegung mit sozialistischen Tendenzen hat sich verstärkt in Entwicklungsländer verschoben. Systemveränderungen auf parlamentarischem Weg waren offenkundig vorrangig in Staaten mit »unterentwickelter« Demokratie, mit noch nicht gefestigten »demokratischen« Strukturen und hohem Protestpotential möglich.

89. Die Entwicklungen in der Welt zeigen, dass revolutionäre Veränderungen dann auf halbem Wege stehen bleiben und umkehrbar sind, wenn nicht konsequent die Macht des Kapitals durch Enteignung gebrochen wird. Das ist die Kernaufgabe jeder sozialistisch orientierten Bewegung.

90. Staaten mit »hochentwickelter bürgerlicher Demokratie« haben den Systemerhalt mit scheindemokratischen Institutionen und Regularien perfektioniert. Personen und Macht werden ausgetauscht, aber nicht das System.
Nunmehr erreicht der Protest gegen das etablierte System zunehmend Zentren des Kapitals. Er entwickelt sich jedoch in die falsche rechtspopulistische Richtung und bedient sich des »Protest-Wahlverhaltens«.
In »hochentwickelten Demokratien« sind Massenproteste offensichtlich das entscheidende Mittel, um Veränderungen zu erzwingen. Diese münden erfahrungsgemäß dann im Chaos, wenn eine klare Zielstellung und einheitliche Organisation fehlen. Deshalb sind klare Positionen und eine stärkere Vernetzung mit außerparlamentarischen Bewegungen notwendig.

91. Immer mehr Menschen sollten – ohne Vorbehalte – für Aktivitäten gegen die Erscheinungen des Systems – Krieg, sozialer Abstieg, Umweltzerstörung, Finanzkrisen – gewonnen werden, um daraus letztlich Massenbewegungen zur Umgestaltung des Systems zu entwickeln.

92. Die entscheidende Maßnahme nach jedweder linken Machtergreifung ist die Entmachtung des internationalen Finanzkapitals, die sofortige Durchsetzung von Kapitalverkehrskontrollen. Erfahrungen bei der Liquidierung der DDR, ebenso die griechische Tragödie beweisen: Mit dem Kapital kann man nicht verhandeln, man muss es erpressen und letztlich enteignen.

93. Linke Bewegungen streben Gewaltfreiheit an. Es ist jedoch zu befürchten, dass die Machthaber des bestehenden Systems diese nicht respektieren und nicht einen gewaltfreien Übergang in ein anderes System akzeptieren würden, wie das die DDR-Führung getan hat. Die Mobilisierung großer Menschenmassen mit klarer Zielstellung und Führung kann Blutvergießen verhindern.

94. Gesellschaftliche Veränderungen erfordern drei Schritte: Erstens: Eine klare Vision, wo die Reise hingehen soll mit der Beantwortung der Frage: Wie wollen und können wir leben? – Zweitens: Handlungsmaximen, welche Maßnahmen dazu stufenweise erforderlich sind mit dem Kern: Enteignung! – Drittens: Die Mobilisierung von Menschen zur Durchsetzung.

95. Die linke Bewegung ist davon meilenweit entfernt. Da die parlamentarischen Parteien versagen, sind Volksbewegungen und außerparlamentarische Initiativen notwendig. Wir bräuchten in Deutschland eine linke Volksbewegung ohne Gier nach Regierungsverantwortung, sondern als treibende, vie-

le Menschen erreichende Opposition. Prägendes Merkmal sollte ein klares, in Inhalt und Sprache verständliches, antikapitalistisches Konzept mit dem Kernstück: Enteignung (!) sein.

AUFWACHEN, BEVOR ES ZU SPÄT IST!

III.

Antworten auf wichtige Fragen

WOHIN FÜHRT EIN UNGEBREMSTER KAPITALISMUS?

Im Jahr 2003 veröffentlichte ich mein erstes Buch[2], das einen Vergleich der beiden erlebten Gesellschaftssysteme – sozialistische DDR und kapitalistische BRD – zum Inhalt hatte. Darin ist ein Abschnitt unter der Fragestellung »Wohin führt ein ungebremster Kapitalismus?« enthalten. Damals war ich der Auffassung, dass ich eine »grenzwertige« Entwicklung aufzeige, die – wie in der Mathematik – im »Endlichen« nicht erreichbar sei. Da habe ich mich geirrt. Knapp 15 Jahre ungebremster Kapitalismus haben ausgereicht, um die »Grenzwerte« sehr real erscheinen zu lassen:

Das kapitalistische Gesellschaftssystem entledigt sich seiner materiellen Hüllen – Mensch, Produkt, Dienstleistung. Es existiert um seiner selbst willen, im substanzlosen Trieb zur Geldvermehrung. Produktion, Dienstleistung, Firmenver- und -ankäufe, Aktiengeschäfte, Börsenspekulationen dienen nicht mehr dem Ziel, Bedürfnisse zu decken, sondern Geld zu vermehren, um es in diesem Kreislauf wieder zirkulieren zu lassen.

Nutznießer ist eine immer kleiner, aber auch immer reicher werdende Oberschicht. Dieses leere Geld kann jedoch nicht einmal von der Oberschicht, die diesen

---

2   In der Anlage findet sich eine Zusammenstellung meiner wichtigsten veröffentlichten Publikationen zur Problematik.

Prozess erbarmungslos vorangetrieben hat, auch nur irgendwie sinnvoll genutzt werden. Es ist Geld und Macht »an sich«.

Produktive Menschen werden für diesen Kreislauf kaum noch benötigt. Sie werden aus dem System ausgestoßen. Die wirtschaftlichen und gesellschaftlichen Abläufe werden durch Computer, Informationstechnik, Telekommunikation neuer Generationen ersetzt, die gesellschaftliche Arbeitsproduktivität nähert sich asymptotisch dem Unendlichen. Das vollzieht sich nicht nur in der Produktion, sondern zunehmend auf allen Gebieten des gesellschaftlichen Lebens.

Das Staatswesen wird durch die Allgewalt der multinationalen Konzerne erpresst, diese harten Entscheidungen zu treffen. Es wird für Organisationsaufgaben im Auftrag des Kapitals missbraucht, von sozialen Aufgaben für die Gesellschaft »entbunden«. Das Staatswesen kann unter diesen Bedingungen trotz oder gerade wegen höchster Effizienz betrieblichen Wirtschaftens seinen Aufgaben für die Solidargemeinschaft nicht mehr nachkommen.

Der Staat und die Parteien setzen mehr oder weniger konsequent Schritte zur Entsolidarisierung der Menschen um. Die neoliberale Theorie und Praxis des sich selbst verpflichteten, »chancengleichen« Menschen feiert fröhliche Auferstehung.

Die »unnützen« Menschen bleiben sich selbst überlassen, die staatliche Unterstützung tangiert gegen null. Jeder ist und bleibt sich selbst der Nächste – auf niedrigstem Niveau.

Die Widersprüche des Kapitalismus treiben mit enormer Schnelligkeit auf diesen Grenzwert zu.

1. Die kapitalistische Wirtschaft wird zunehmend sinnlos

Die ökonomische Entwicklung hat die Grenze des Sinn-vollen überschritten. Ökonomisches Wachstum erfolgt fast ausschließlich durch mehr oder weniger sinnlo-se Produkte und Leistungen für eine zahlungsfähige Oberschicht. Der reale Bedarf der Menschen an über-lebenswichtigen Produkten und Leistungen für Ernäh-rung, Wohnung, Kleidung, von Gesundheit und Bildung ganz zu schweigen, wird in der globalisierten Welt des Kapitals immer mehr vernachlässigt. Die ökonomische Folge ist die permanente Wachstumskrise entwickelter Volkswirtschaften und die zunehmende Verarmung der Menschheit.

2. Die kapitalistische Welt ist zunehmend nicht realer, sondern virtueller Natur

Die sinnlose »Entwicklung« ist in hohem Maße dadurch gekennzeichnet, dass große Bereiche der kapitalisti-schen Welt überhaupt nicht mehr real existent sind, sondern nur noch virtuell vorgetäuscht werden. Die bis ins Unendliche aufgeblähte Finanz-Scheinwelt gehört ebenso dazu wie die Entfremdung des Menschen von der direkten Kommunikation und deren Ersatz durch virtuelle Scheinwelten im Fernsehen, dem Internet und auf Computern mit teils verheerenden Wirkungen auf Charakter, Wissen und Geist. Die Folgen sind der Rück-zug des Individuums in diese virtuelle Vorstellungswelt, seine Manipulation für primitive Profitgelüste und das Verlorengehen der Verbindung zum realen Leben.

3. Die Gesellschaft in der kapitalistischen Welt wird zunehmend geistlos

Es ist dies ein direktes Ergebnis der virtuellen Welt. Mit ihren auf privatkapitalistischer Basis agierenden Kommunikationszentren ist die zunehmende Verdummung der Mehrheit der Menschen eingeschlossen. Privatwirtschaftliche Massenkommunikation in elektronischen und Printmedien impliziert eine ständig sich nach unten bewegende Spirale von Bagatell- und Sensationsberichterstattung, Niveaulosserien aller Schattierungen bis zu Gewalt und Pornographie.

Die die Gesellschaft erhaltende und notwendige Bildung und Erziehung wird grob vernachlässigt, privatisiert und damit kommerzialisiert. Bildung und Kultur bleiben zunehmend einer zahlungskräftigen Oberschicht vorbehalten. Die Spaltung der Gesellschaft in eine Elite des Wissens und die Mehrheit der Unwissenden wird systemimmanent gefördert.

4. Betrug breitet sich im kapitalistischen System immer schneller und immer weiter aus

Lügen, Betrügen, Hinterziehen, Unterschlagen, Gesetze ignorieren, falsch Aussagen, sich Verweigern und andere »edle« Handlungsweisen prägen nicht nur die Oberschicht, sondern werden zunehmend zum »Allgemeingut« der Gesellschaft, um überleben zu können. Der moralische Zerfall der Gesellschaft schreitet mit Riesenschritten voran.

5. Die Rundum-Verschuldung erfasst grosse Bereiche der Gesellschaft

Das gesamte System ist geprägt durch eine private, geschäftliche und staatliche Verschuldung und gegenseitige Kreditierung. Es stellt ein Leben auf Pump und auf Zukunft dar. Das System ist damit ein Luftschloss und extrem störanfällig. Die Auswirkungen sind weltweite Zusammenbrüche der Finanzmärkte in immer kürzeren Zeitabständen mit immer tiefergreifenden sozialen Folgen.

Aktuelle Einfügung: Nach einer aktuellen Studie des McKinsey Global Institute (MGI)[3] ist die weltweite Verschuldung von Staaten, Unternehmen, privaten Haushalten und dem Finanzsektor von 2000 bis 2014 von 87 Billionen US-Dollar auf 199 Billionen US-Dollar gestiegen, hat sich also in diesen wenigen Jahren mehr als verdoppelt.

	2000	2014	Differenz	Steigerung in %
Schulden insgesamt	87	199	112	228,7
dav. Staat	22	58	36	263,6
dav. Unternehmen	26	56	30	215,4
dav. Privat	19	40	21	210,5
dav. Finanzsektor	20	45	25	225,0
Brutto-Geldvermögen	65,4	101,3	35,9	154,9
Bruttosozialprodukt	33,3	77,8	44,5	233,6

---

3   Auf: http://www.spiegel.de/wirtschaft/soziales/schulden-der-welt-mckinsey-studie-belegt-deutlichen-anstieg-a-1016749.html.

Im gleichen Zeitraum stieg das globale Geldvermögen nach einem Bericht der Allianz[4] – überwiegend konzentriert in einer Oberschicht von 1 Prozent der Weltbevölkerung – von rund 65 auf über 100 Billionen US-Dollar.

Das MGI kommt aber nicht etwa auf den naheliegenden Schluss: Privatvermögen sind weitgehend zu konfiszieren, um die Staatsschulden zu tilgen. Der Schluss lautet vielmehr: »Auch ein Sparkurs hilft wenig, wenn das Wirtschaftswachstum zu schwach ausfällt.« Gab es zwischen 2000 und 2014 kein Wirtschaftswachstum? Doch: Das Bruttosozialprodukt stieg von 33,3 Billionen US-Dollar im Jahr 2000 auf 77,8 Billionen US-Dollar 2014, hat sich also auch mehr als verdoppelt. Nur: Der Zuwachs diente nicht dem Abbau der Schulden und schon gar nicht der Mehrheit der Menschen, sondern der Geldvermehrung der Super-Reichen. Nun fordern alle Kapitalisten und Politiker rund um den Globus: Nur noch mehr Wirtschaftswachstum kann uns helfen! Wem wohl?

6. DAS KAPITALISTISCHE SYSTEM ZERSTÖRT UND VERNICHTET NICHT NUR DIE NATÜRLICHEN LEBENSGRUNDLAGEN DER MENSCHHEIT

Gleichermaßen werden materielle, finanzielle und geistige Mittel in einem sinnlosen Konkurrenzkampf und einem selbstzerstörerischen Wettbewerb ausgemerzt.

---

4   Auf: http://www.faz.net/aktuell/wirtschaft/allianz-global-wealth-report-2015-vermoegen-auf-rekordhoehe-13829837.html.

7. DAS KAPITALISTISCHE SYSTEM GRENZT DIE MEHRHEIT DER MENSCHEN AUS

Der Widerspruch zwischen einer immer kleiner, aber auch immer reicher werdenden Oberschicht und einer immer größer werdenden verarmenden Unterschicht wird verschärft. In der Unterschicht nimmt die Zahl der durch Arbeit »Privilegierten« ab und die Zahl der Nichtarbeitenden, die als Almosenempfänger leben müssen oder als Müllhaldenkreaturen dahinvegetieren, immer mehr zu. Die Folge ist eine zunehmende Spaltung der Gesellschaft in goldene Ghettos für Reiche und Dreckghettos für Arme. Der Mensch vereinsamt, bleibt sich selbst überlassen. Staatliche und zwischenmenschliche Solidarität sterben aus.

8. DAS KAPITALISTISCHE SYSTEM IMPLIZIERT UND PRODUZIERT GEWALT

Verarmte, ausgestoßene, gedemütigte und überforderte Menschen begehren national wie international in einem Gewalt verherrlichendem Umfeld individuell oder kollektiv zunehmend mit Gewalt auf.

Da das System nicht mehr in der Lage ist, sich selbst zu stabilisieren, und die Widersprüche immer weiter und beschleunigt vorantreibt, greift es selbst zum letzten Mittel, um es zu erhalten: nackte Gewalt nach innen und nach außen. Immer mehr überfüllte Gefängnisse dokumentieren diese verheerende Entwicklung ebenso wie immer gewagtere Kriegsabenteuer.

Es ist dies der ebenso aussichtslose wie geistlose Versuch der herrschenden Machthaber des Kapitals, den von ihnen selbstgeschaffenen Problemen mit Gewalt zu begegnen, um auf diesem Wege endgültige Lösungen zu erreichen.

Man ist geneigt, bei derartig diametralen Widersprüchen davon auszugehen, dass das System diese Widersprüche nicht mehr lange aushält und zusammenbrechen *muss*. Derartige Hoffnungen, sogar manifestiert in der marxistisch-leninistischen »Glaubenslehre« vom »sterbenden Imperialismus«, haben sich – bis jetzt jedenfalls – als Illusion erwiesen. Auch heute ist das kapitalistische System dabei, Lösungen zu installieren, um auch mit diesen Widersprüchen zu überleben.
Wie sollen diese Lösungen aussehen? Was passiert letztlich mit den Menschen?
»Eine Kaste von Besserverdienenden, geschützt in schwer bewachten Luxusghettos ... die überflüssigen Menschenmassen teils im Gefängnis oder im Arbeitslager, teils als willfährige Domestiken dienend. Genau so muss das Endstadium der Demokratie aussehen ...«[5]
Das ist keine Horrorvision oder politischer Unsinn »verirrter Linker«. In vielen Ländern sind gesicherte und bewachte Luxusghettos inmitten bitterster Armut bereits ebenso bittere Realität. In Mumbai leben zwei Drittel der zwölf Millionen Einwohner entweder in Elendshütten mit nur einem Raum oder auf dem Bürgersteig. In Nairobi konnte ich selbst sehen, dass über die Hälfte der geschätzten vier Millionen Einwohner in Slums leben.
Die wenigen Reichen haben ihre Paläste mit hohen Mauern, bewehrt mit Stacheldraht und Glassplittern, bewacht von Hunden und Wachpersonal, abgeschottet.

---

5   Robert Kurz: *Schwarzbuch Kapitalismus. Ein Abgesang auf die Marktwirtschaft.* Ullstein Taschenbuch 2001, S. 821.

Ein normales Straßenleben zwischen Arm und Reich ist nicht mehr möglich. In vielen Metropolen der Welt, nicht nur in Entwicklungsländern, hat sich diese Entwicklung bereits in rasantem Tempo vollzogen.

Aus: *Ist sozialistischer Kapitalismus möglich? Erfahrungen und Schlussfolgerungen aus zwei Gesellschaftssystemen.* edition ost 2003.

WOHIN FÜHREN REFORMISMUS UND TRANSFORMATION?

Mit der Frage, was Reformen bewirken, habe ich mich mehrfach auseinandergesetzt. Aktuell ist die Erscheinungsform des linken Reformismus die Transformationspolitik. Sie suggeriert den Menschen, dass ein Mittanzen im herrschenden Kapitalismus – einschließlich und vorrangig durch Regierungsbeteiligung – zu einem Hinüberwachsen in den Sozialismus führt. Das ist eine gefährliche Illusion. Deshalb habe ich gegen diese irrige Vorstellung nicht nur publiziert, sondern im Rahmen einer Veranstaltung des Ostdeutschen Kuratoriums von Verbänden e. V. (OKV) im Juni 2015 auch polemisiert. Beides löste bei den Verfechtern dieser Politik ein kontroverses Echo aus. Es gelang damit jedoch, diese Ansichten einem größeren Kreis von Interessierten zugänglich zu machen:

1. GEFÄHRLICHE ILLUSIONEN

Gegenwärtig machen sich im linken europäischen und besonders im deutschen Spektrum neue, weniger revolutionäre Vorstellungen breit. Schon immer gibt es die Vorstellung, dem Kapitalismus durch Reformen solche Zugeständnisse abzuringen, dass das Leben für alle Menschen erträglicher wird. Es muss doch möglich sein, den Kapitalismus zu zähmen und zu zivilisieren, ist die Maxime. Diese Meinungsbildung reicht von Gräfin Dönhoff über Heiner Geißler bis Gregor Gysi und die hinter ihm stehenden Theoretiker.

Die Verfechter von Reformen berufen sich auf zwei grundlegende Argumente: Erstens: Es wäre doch in Zeiten der sozialen Marktwirtschaft unter Ludwig Erhard gelungen, den Kapitalismus zu zähmen, also: »Erhard reloaded«, meint sogar Sahra Wagenknecht. Und zweitens: Was sollen all die schönen Vorstellungen von der revolutionären Überwindung der kapitalistischen Gesellschaft, wenn diese Möglichkeit auf den Sankt-Nimmerleins-Tag zu verschieben ist und gewaltsame Revolutionen ohnehin in einer modernen demokratischen Gesellschaft nicht durchführbar sind, meinen sie.

Antwort: »Return« gibt es nicht. Keine Gesellschaft entwickelt sich rückwärts. Die Bedingungen haben sich seit Ludwig Erhard und besonders nach 1990 derart zugunsten des Kapitals entwickelt, dass Vorstellungen, zur Sozialen Marktwirtschaft der Nachkriegsjahre zurückzukehren, glatte Illusion sind.

Reformen gegen revolutionäre Veränderungen zu stellen, geht am Wesen der Sache vorbei. Es geht nicht darum, beide gegeneinander auszuspielen – »Reformsozialisten« gegen »Fundamentalisten« –, sondern die Einheit zwischen beiden zu wahren: Reformen zur Verbesserung der Lage der Mehrheit der Menschen natürlich, aber immer im Wissen, dass die Entfaltung von Reformen solange nicht nur eingegrenzt, sondern verhindert und in ihr Gegenteil verkehrt wird, solange die Herrschaft des Kapitals fortbesteht. Deshalb muss diese beendet werden, wenn Reformen wieder einen sozialen Sinn ergeben sollen.

In letzter Zeit hat sich in der deutschen linken Politik eine besonders gefährliche Spielart der Reformpolitik breitgemacht, die *Transformationspolitik*. Ihre Hauptverfechter senden unterschiedliche und häufig unverständliche Signale aus. Sie wollen weder Reformen, schon gar nicht Revolution, sondern Transformation der Gesell-

schaft. Es wird die Illusion verbreitet, die gesellschaftliche Quadratur des Kreises gefunden zu haben. Wir
benötigen weder Reformen noch Revolution, sondern
Transformation. Der Haupttransformator, Dieter Klein,
titelt sein neuestes Buch über seine Transformationsvorstellungen bezeichnenderweise *Das Morgen tanzt
im Heute*. Und bescheiden, wie wir sind, lassen wir das
Morgen gleich in ganz Europa tanzen: »Eine Transformation im Rahmen des Kapitalismus wird zunehmend
bereits Tendenzen einschließen, die über den Kapitalismus hinausweisen. Das ist der Grundgedanke des Kon-
zepts doppelter Transformation für Europa.«[6]

Der abschließende Satz in Dieter Kleins Tanzunterricht
lautet: »Zu einem wichtigen Moment doppelter Transformation sollte die Herausbildung einer Kommuni-
kationsweise werden, über deren Geist Erich Fromm
schrieb: ›Die Unterhaltung hört auf, ein Austausch
von Waren (Informationen, Wissen, Status) zu sein,
und wird zu einem Dialog, bei dem es keine Rolle mehr
spielt, wer recht hat. Die Duellanten beginnen, miteinander zu tanzen, und sie trennen sich nicht im Gefühl
des Triumphs oder im Gefühl der Niederlage, was beides
gleich fruchtlos ist, sondern voll Freude.‹«[7]

Das »Tanzprogramm« wird von anderen Transformatoren ergänzt und erweitert: »Die Lösung der drängendsten globalen Probleme, die Beseitigung des Hungers auf
der Erde, der Umwelt- und Klimakrise, der zunehmenden Nord-Süd-Polarisierung sowie der Eindämmung
und schließlich Verhinderung von Kriegen und militäri-
schen Konflikten, erfordert neue Wege, Methoden und

---

6   Dieter Klein: *Das Morgen tanzt im Heute. Transformation im Kapitalismus und über ihn hinaus*. VSA 2013, S. 14.

7   Ebd., S. 202.

Instrumente internationaler Regulierung, die nicht auf eine Regulierung durch den Markt oder auf Grundlage eines Planes reduziert werden können. Sie setzt voraus, dass im Ergebnis gleichberechtigter internationaler Verhandlungen Vereinbarungen mit konkreten, verbindlichen Verpflichtungen der Staaten getroffen werden, die durch internationale, kompetente und akzeptierte Gremien kontrolliert werden.«[8]

»Gleichberechtigte« Staaten sollen verbindliche Verpflichtungen ausarbeiten, »kompetente« Gremien sollen kontrollieren – dann sind Hunger, Umweltkatastrophen und Kriege vermeidbar!? Geht es noch naiver? Sehen die Verfasser nicht, wie ohnmächtig die Staaten von den Finanzmächten abhängig sind, wie die Staatschefs vieler Länder nur korrupt der persönlichen Bereicherung nachgehen? Nehmen sie nicht zur Kenntnis, dass immer mehr »Staaten« in Afrika, Asien, im Nahen und Mittleren Osten, in den ehemaligen GUS-Ländern nur noch einen Namen als Staat tragen, aber längst zerfallen sind und real von Oligarchen, Clans, Stämmen, ethnischen und religiösen Gruppierungen »regiert« und untereinander – meist kriegerisch – aufgeteilt werden? Haben die »Wirtschaftswissenschaftler« wirklich keine Ahnung davon, wer die »kompetenten internationalen Gremien« beherrscht?

Bezeichnenderweise in einem Material für die Bundestagsfraktion der Partei DIE LINKE weisen drei Potsdamer Transformationsspezialisten dann auch den Weg, wie die edlen Ziele umzusetzen sind: »Der Wert solcher Aktivitäten liegt insofern nicht in ihrem Erfolg an sich.

---

8 Klaus Steinitz/Dieter Walter: *Plan – Markt – Demokratie. Prognose und langfristige Planung in der DDR – Schlussfolgerungen für morgen.* VSA 2014, S. 32 und 39.

Nicht nur ist in Such- und Experimentierprozessen ein Scheitern, der Abbruch eines Weges unvermeidlich, mehr noch liegt ein erheblicher Nutzen in der Praxis, im Prozess selbst.«[9] Die Bewegung ist alles, das Ziel ist nichts – die klassische Formel aller Revisionisten!

Ich habe mich viele Jahre mit abwegigen Gesellschaftstheorien auseinandergesetzt. Was aber die Transformationstheoretiker von sich geben, schlägt dem berühmten Fass den Boden aus. Bringen wir die häufig »wissenschaftlich« verbrämten Vorstellungen auf den Punkt, lautet deren Aussage: »Bürger, macht euch keine Sorgen. Grundlegende Veränderungen sind sowieso nicht möglich. Sie sind auch gar nicht notwendig. Seht ihr nicht, wie die neue, bessere Welt schon im Heute tanzt? Tanzt einfach voller Freude mit. Allein eure Teilnahme ist wichtig, nicht wohin der Tanz führt. Das, liebe Bürgerinnen und Bürger, ist radikale Realpolitik.«

Diese gefährlichen Wunschträume am Kamin ernsthaft zu diskutieren, ist quasi nicht möglich. Haben denn die Verfasser derartiger Theorien nicht das geringste Verständnis für historische Abläufe und Erfahrungen? Haben sie wirklich nicht begriffen, dass gesellschaftliche Veränderungen eine grundlegende Änderung der Macht- und Eigentumsverhältnisse voraussetzen? Entgeht ihnen vollständig, wohin der Tanz des Kapitals im Heute führt? Das Kapital tanzt der Welt – Mensch und Natur – auf der Nase herum, bestimmt Melodie und Rhythmus! Ist ihnen wirklich nicht bewusst, in welchem Maße ihre irrwitzigen Vorstellungen der Herrschaft des Kapitals dienen?

Im gutwilligsten Fall sind solche Auffassungen politisch

---

9   Michael Thomas/Rolf Reißig/Frank Thomas Koch: »Das Projekt des sozialökologischen Umbaus – Fallbeispiele für den Einstieg«. August 2011.

naiv. Im böswilligen Fall sind sie in Träume verpackte Ablenkungsmanöver, die das System erhalten sollen. Objektiv tun sie Letzteres ohnehin. Und es erhebt sich in der Tat die Frage, ob die Verfechter derartiger Auffassungen wirklich nur politisch naiv sind oder nicht ganz andere Ziele verfolgen.

Das politische Problem besteht nicht darin, dass »Gesellschaftswissenschaftler« derartige Auffassungen vertreten. Meinungsfreiheit! Die Bevölkerung erreichen sie mit ihrer »verwissenschaftlichten« Polemik und Ausdrucksweise ohnehin nicht. Politisch gefährlich werden die Transformationsauffassungen dadurch, dass diese starken Einfluss auf die theoretische Ausrichtung und praktische Politik der Partei DIE LINKE haben. Die Transformationstheorie hat Eingang ins Parteiprogramm gefunden. »DIE LINKE kämpft in einem großen transformatorischen Prozess gesellschaftlicher Umgestaltung für den demokratischen Sozialismus des 21. Jahrhunderts« – heißt es im Erfurter Parteiprogramm vom Oktober 2011. Was »kämpfen« im Sinne der Transformation bedeutet, kann man weiter oben lesen. Mit dem Bekenntnis zum »Kampf« im Sinne der »Transformatoren« beraubt sich die Partei der Möglichkeiten zur Mobilisierung der Menschen für die Umgestaltung der Gesellschaft. Tanzen statt kämpfen ist die Parole. Warten auf das Morgen im Heute statt umgestalten. Der LINKEN dient das offenkundig als willkommenes theoretisches Fundament zum praktischen Mittanzen im heutigen System.

Aus: *Die sozialistische Zukunft. Kein Ende der Geschichte! Eine Streitschrift*. edition berolina 2014.

2. »NICHT LINKS, SONDERN LINKISCH UND GEFÄHRLICH«

Den Auswirkungen der Transformationstheorie auf die praktische Politik der Partei DIE LINKE habe ich mich unter dem Eindruck des Bielefelder Parteitags im Schlusswort auf der Konferenz des OKV zugewandt:

In der Führung der Partei DIE LINKE wurden auf dieser Grundlage politische und ideologische Entwicklungen eingeleitet, die nicht mehr toleriert werden können.

Der bisherige Tiefpunkt dieser Entwicklung wurde auf dem Bielefelder Parteitag erreicht, der ja kein Parteitag, sondern eine One-Man-Show war, die an üble Zeiten des Personenkults erinnerte. Der »One-Man« gab »seiner Partei« zum Abschied – der auch kein Abschied sein wird – wertvolle Ratschläge auf den Weg.

Bereits vor dem Parteitag hatte Gysi in diversen Interviews seine politischen Vermächtnisauffassungen dargelegt.

Der kaum glaubhafte Höhepunkt erfolgte in der *taz* vom 29.5.2015. Gysi erklärt: »Ich habe in einer Diktatur gelebt.« – Wie Gauck, der für ihn der dritte wichtige Ostdeutsche ist – Merkel, Gysi, Gauck. Er erreicht damit auch das politische Niveau eines Joachim Gauck, für den die Aufarbeitung der »zweiten deutschen Diktatur« immer erste Priorität hat. Gysi unterbietet die Verleumdung durch Bodo Ramelow, der die DDR immerhin »nur« als Unrechtsstaat diffamiert und darauf seine Regierungsverantwortung begründet hatte.

Auf dem Bielefelder Parteitag antwortet Gysi auf seine rhetorische Frage »Was sollte unsere Partei auszeichnen?« so:

»*Erstens (!)*: Deshalb brauchen wir ein zutiefst kritisches Verhältnis zum Staatssozialismus, also auch zur DDR. Wir müssen die Einschränkungen von Freiheit, Demokratie und Rechtsstaatlichkeit herausarbeiten ... Wir müssen herausarbeiten, weshalb die Wirtschaft nicht funktionierte, den Mangel an Produktivität, Produkten und Dienstleistungen.«

Warum müssen wir das eigentlich? Warum braucht die Partei diese rückwärtsgewandte, von Unwissenheit über die wirklichen Ursachen und Verhältnisse strotzende üble DDR-Hetze? Offensichtlich, um vorwärtsgewandt Illusionen zu verbreiten und das bestehende System zu verklären. Offensichtlich deshalb, um jeden Gedanken an reale sozialistische Veränderungen mit Stumpf und Stiel auszurotten.

Er meint: »Wenn wir sozialistisch bleiben wollen (?), müssen wir erklären, was uns am Kapitalismus stört, auch was uns nicht stört, sondern im Gegenteil gut ist, und wie man das Störende überwinden und das andere erhalten kann.«

Es folgen seine träumerischen Vorstellungen: »*Stellt euch vor*, wir könnten die Zustimmung der Betriebsräte erweitern – ein Aufbauprogramm für Griechenland initiieren, Steuergerechtigkeit erreichen, die Zwei-Klassen-Medizin überwinden ...« Und so weiter und so fort. Alles natürlich im »Guten Kapitalismus«.

Hier in der Diskussion wurde Piketty mit seinem Buch *Das Kapital im 21. Jahrhundert* zitiert. Das liegt auf der gleichen Linie. Dass Reiche immer reicher werden, ist nichts Neues. Und die im Buch und hier in der Diskussion angepriesene weltweite Besteuerung von hohen Einkommen und Vermögen gehört genauso in das Reich der Illusionen wie Gysis »Stellt euch vor«.

Folgerichtig träumt Gysi davon, »dass es gelingen möge, ein Primat der Weltpolitik über die Wirtschaft und eine Angleichung der Lebensverhältnisse auf allen fünf Kontinenten durchzusetzen«.

Andererseits meint er jedoch im Interview mit der *taz* auf die Frage, ob er seine Partei auf Kriegseinsätze einstimmen will: »Nein, aber generell werde ich meinen Leuten sagen: Wir haben nicht 50 Prozent der Stimmen, sondern 10. Wenn wir A, B und C erreichen, ist das eine riesige Menge. Ihr könnt nicht noch D, E und F bekommen.« Die Frage nach Krieg und Frieden ist also nach Gysis Meinung unter D, E und F verhandelbar.

Derartige Auffassungen sind nicht mehr links, sie sind linkisch und gefährlich!

Es gibt prominente Einschätzungen für ein solches politisches Verhalten:

Marx und Engels schrieben: »Inzwischen wendet man seine ›ganze Kraft und Energie‹ auf allerhand Kleinkram und Herumflickerei an der kapitalistischen Gesellschaftsordnung, damit es doch aussieht, als geschehe etwas, und gleichzeitig die Bourgeoisie nicht erschreckt werde. (...) Es sind dieselben Leute, die unter dem Schein rastloser Geschwätzigkeit nicht nur selbst nichts tun, sondern auch zu hindern suchen, dass überhaupt etwas geschieht als – schwatzen.« (Karl Marx/Friedrich Engels: Zirkularbrief an Bebel, Liebknecht u. a. vom 18. September 1879)

Hans Heinz Holz klärt auf: »Die Architekten und Kapitäne der Linkspartei haben nicht erkannt, dass sie die Mängel des kapitalistischen Systems nicht innerhalb des Systems beheben können, weil diese Mängel unweigerlich aus den Gesetzen seiner Selbsterhaltung hervorgehen.« (Hans Heinz Holz in: *kontrovers* 1/2006)

Damit sind wir bei der Rolle der Kräfte angekommen, die sich »links« und nicht »linkisch« nennen dürfen. Für mich ist »links« eine Position, die nicht nur Erscheinungen im System korrigieren und verbessern, sondern das kapitalistische System an sich überwinden will. Dabei sind *alle* Kräfte und Strömungen willkommen, die sich dieser Entwicklung anschließen.

Deshalb auch die heutige Konferenz. Aber zum wievielten Male beklagen wir eigentlich die Zerrissenheit, Uneinigkeit, Streitlust und Streitsucht, Selbstverliebtheit und Eitelkeit in diesen, unseren linken Reihen.
In letzter Zeit hat sich eine besondere Nuance breitgemacht. Fortschrittliche linke Bewegungen und Initiativen werden dadurch torpediert, indem in Medien – auch linken –, in Parteien und Organisationen zuvorderst nicht nach dem einigendem Ziel, sondern nach den spaltenden Teilnehmern gefragt wird. Wenn der und der teilnimmt, werden wir das nicht tun. Denn der und der stimmt mit unseren Auffassungen nicht überein, oder korrespondiert mit diesem oder jenem, der uns nicht genehm ist, oder er hat vor zehn oder zwanzig Jahren doch mal andere Auffassungen und Verbindungen gehabt.
Ausgerechnet bei der über Leben und Tod entscheidenden Friedensbewegung wurde dieses selbstzerstörerische Muster par excellence praktiziert. Der Friedenswinter wurde de facto torpediert.

Liebe Freunde: Wenn wir diesen Zustand im wirklich linken Lager nicht überwinden, brauchen weder der politische Gegner noch linke Traumtänzer irgendetwas befürchten. Die linke Bewegung zerlegt sich von selbst.

Es geht doch nicht um Personen, sondern um Inhalte, Ziele und Aktionen!

Aus: *Gefährliche Illusionen – Die Transformationspolitik in der Kritik*. Verlag am Park 2015.

GILT DAS KOMMUNISTISCHE MANIFEST AUCH IM 21. JAHRHUNDERT?

*Wer Reformismus und Transformationsvorstellungen ab-
lehnt, muss eine Antwort darauf suchen, wie der Übergang
zu einer neuen – sozialistischen – Gesellschaft geschaffen
werden kann und welche Wesenszüge diese im 21. Jahrhundert haben soll. Ausgangspunkt dafür ist natürlich die Frage, ob die Grundaussagen des Kommunistischen Manifestes
auch noch im 21. Jahrhundert Gültigkeit haben können.
Dieser Frage bin ich in einem Vortrag im Jahr 2008 nach-
gegangen und habe die Gedanken später weiter ausgebaut:[10]*

Kurz nach Beginn des neuen Jahres 2008 ging eine Er-
schütterung um die Welt. Man konnte den Eindruck
gewinnen, die Existenz der Menschheit stehe auf dem
Spiel. Stündlich berichteten die Massenmedien aus den
Weltmetropolen, Regierungen traten zu Sondersitzun-
gen zusammen, Leitkommentare beschäftigten sich
täglich mit der Lage. Der US-Präsident erhöhte in hek-
tischem Aktionismus die billionenschwere Schuldenlast
seines Landes um weitere 150 Milliarden Dollar. Die
führenden Notenbanken der Welt schmeißen bis heute
weitere Hunderte Milliarden in den Finanzkreislauf des
kapitalistischen Weltsystems.
Was war geschehen? Unverantwortliche Spekulationen
hatten zum Absturz der Börsenkurse geführt. Die Gefahr einer weltweiten Rezession stand am Horizont.
Am gleichen Tag, als diese Spekulationsblase platzte
und die Titelseiten aller Zeitungen füllte, konnte man in

---

10   Im Folgenden sind die kursiv gesetzten Textstellen Originalzitate aus
      dem *Kommunistischen Manifest* und aus Vorworten von Marx und
      Engels dazu.

einigen Medien, verschämt und versteckt auf den hinteren Seiten, eine andere Mitteilung lesen: Täglich sterben weltweit 26.000 Kinder an Unterernährung, mangelnder Hygiene und Krankheiten. Im Jahr sind das 10 Millionen hilf- und wehrlose Wesen, die der weltweiten Armut zum Opfer fallen.

Kein einziger Leitkommentar füllte die Spalten. Nicht ein Dollar wurde mobilisiert, um diesem Elend entgegenzutreten. Weder Bush noch Merkel, die weltweiten »Vorkämpfer« für Menschenrechte und Demokratie, fühlten sich verpflichtet, diesen Zustand auch nur zur Kenntnis zu nehmen.

Wir stellen mit Bestürzung fest, dass sich die Todesspirale des Kapitalismus immer schneller dreht. Ein immer kleinerer Teil der Menschheit missbraucht Reichtum und Macht, um einen immer größeren Teil der Menschheit ins Elend zu stürzen.

Es ist an der höchsten Zeit, dass Linke dieser Entwicklung Einhalt gebieten, indem sie nicht nur die Erscheinungen bekämpfen, sondern die Wurzeln bloßlegen und offen und offensiv ihre Ziele unter den Bedingungen des 21. Jahrhunderts verkünden. Denn *die Kommunisten verschmähen es, ihre Ansichten und Absichten zu verheimlichen*.

Angesichts der zum Heiligtum verklärten Dominanz der internationalen Finanzmärkte, des Wachstumswahns führender Industriestaaten und globalisierter Konzerne, der damit verbundenen Zerstörung der Umwelt, der geschichtlich einmaligen Spaltung der Welt in Arm und Reich, des verschärften Kampfes um Ressourcen, Macht und Einflusssphären und der daraus erwachsenden globalen Kriegsgefahr steht die Alternative »Sozialismus oder Barbarei« schärfer denn je auf der Tagesordnung.

Immer mehr Menschen verspüren mehr instinktiv als rational, dass die Verwerfungen und sich rasant verschärfenden Widersprüche nicht mehr innerhalb des Systems lösbar sind. Sie begehren zunehmend gegen die Erscheinungen auf, ohne jedoch die Systemfrage auf die Tagesordnung zu stellen.

Wir als Kommunisten sollten dafür kämpfen, dass die Gestaltung einer sozialistischen Zukunft eine Aufgabe lebender Generationen und nicht die späterer Jahrhunderte ist. Große Teile der Menschheit laufen sonst Gefahr, dass sie diese Zukunft überhaupt nicht mehr gestalten können, weil sie sie nicht erleben.

Dabei lassen wir uns weder als orthodoxe Marxisten noch als auf einem anderen Stern lebend abqualifizieren. Wir wissen durchaus um die Dialektik zwischen Tagesaufgaben und grundsätzlichen kommunistischen Zielen.

Selbstverständlich nutzt dem Hartz-IV-Empfänger oder dem Zeitarbeiter keine Vertröstung auf eine lichte sozialistische Zukunft. Aber es nutzt ihm auch nichts, wenn nur ständig an den Symptomen des Systems herumgedoktert wird, ohne das System als ganzes verändern zu wollen. Krebskranke heilt man nicht durch homöopathische Dosen, sondern durch radikale Therapien. Ein menschenwürdiges Leben für die Mehrheit der Bevölkerung ist im herrschenden System nicht möglich. Das System muss überwunden und in den Sozialismus überführt werden.

Wir sind für die Einheit von Weg und Ziel. Ohne ein klares Ziel beschreiten wir Irrwege, werden zu Revisionisten.

Wir wären keine Marxisten, wenn wir die grundsätzlichen Aussagen des Manifestes leugnen würden. Wir wären schlechte Marxisten, wenn wir jede Aussage des Manifestes von 1848 dogmatisch zu unseren Auffassungen im Jahre 2008 machen würden.

1848 lebten 1,2 Milliarden Menschen auf der Erde, heute sind es 6,5 Milliarden, in wenigen Jahrzehnten werden 9, vielleicht gar 12 Milliarden Menschen diesen Planeten bevölkern. 1848 war der Entwicklungsstand der Produktivkräfte gekennzeichnet durch den gerade erfundenen Dampfantrieb, 40 Tausend Kilometer Eisenbahnnetz (heute 1,2 Millionen) und dominiert von Stahl, Zement und Kohle. An Elektrizität, geschweige denn Atomkraft, Mikroelektronik, Computer und Internet war nicht zu denken. Die Arbeitswelt war gekennzeichnet durch Betriebsgrößen von 50 Beschäftigten. Der Welthandel betrug (umgerechnet) 17,5 Milliarden DM, heute beträgt der Export 12 Billionen Dollar.

Versuchen wir eine Beantwortung der Frage, was heute unsere grundsätzlichen Positionen zum Manifest sind und welche Aussagen unter den Bedingungen des 21. Jahrhunderts zu präzisieren wären.

Beginnen wir beim Titel: *Das Kommunistische Manifest*. Beinhaltet es bereits die von Marx und Engels erst später entwickelte Vision einer Kommunistischen Gesellschaftsordnung als ein Reich, in dem jeder nach seinen Bedürfnissen lebt, oder skizziert es nicht vielmehr den Weg einer zunächst sozialistischen Umgestaltung?

Engels schreibt im Vorwort zur deutschen Ausgabe von 1890: *Und doch ... hätten wir es nicht ein sozialistisches Manifest nennen dürfen. Unter Sozialisten verstand man 1847 zweierlei Arten von Leuten. Einerseits die Anhänger verschiedener utopistischer Systeme ... Andrerseits die mannigfaltigsten sozialen Quacksalber, die mit ihren verschiedenen Allerweltsheilmitteln und mit jeder Art von Flickarbeit die gesellschaftlichen Missstände beseitigen wollten, ohne dem Kapital und dem Profit im geringsten wehe zu tun. (...) Der Teil der Arbeiter dagegen, der, von der Unzulänglichkeit bloßer politischer Umwälzungen überzeugt, eine gründliche Umgestaltung der Gesellschaft forderte, der Teil nannte sich damals kommunistisch.*

Damals? Trifft die Einschätzung nicht auch heute ins Schwarze?

In diesem Sinne nennen auch wir uns heute Kommunisten. Auch wenn wir unterschiedlichen Parteien und Organisationen angehören oder sogar ungebunden sind, wenn wir zu taktischen und praktischen Fragen unterschiedliche Auffassungen vertreten, uns eint die Erkenntnis des Manifestes: Eine bessere Welt kann nur durch eine gründliche Umgestaltung der Gesellschaft erreicht werden.

Über die Wesensmerkmale dieser neuen Gesellschaftsordnung lohnt es sich, unter den Bedingungen des 21. Jahrhunderts neu nachzudenken. Sechs, neun oder gar zwölf Milliarden Menschen können nicht nach ihren Bedürfnissen leben, wenn wir darunter vorrangig ihre materiellen Bedürfnisse verstehen. Jedem sein Auto, zwei Fernseher, drei Computer und vier Weltreisen pro Jahr hält dieser Planet nicht aus.

Die entscheidende Aufgabe für die Gestaltung eines Sozialismus im 21. Jahrhundert ist es deshalb, dass die Menschen von einer anderen Lebensphilosophie als der des Konsums materieller Güter ausgehen. Natürlich muss Sozialismus die materiellen Grundlagen eines menschenwürdigen Lebens für alle schaffen.

Aber Sozialismus ist mehr als konsumieren. Die Vorteile und Stärken eines Lebens in Frieden, mit Arbeit und in sozialer Geborgenheit, gebildet und kulturvoll, eingebunden in die Gemeinschaft, gleichberechtigt zwischen Geschlechtern, Rassen und Kulturen sind sozialistische Wesensmerkmale, deren Bedeutung der Mensch offenkundig erst dann begreift, wenn sie ihm abhanden gekommen sind.

Viele Bürger, die 1989 meinten, für westlichen Wohlstand in Form überquellender Warenangebote auf die Straße gehen und demonstrieren zu müssen, sind heute im nackten Existenzkampf jeder gegen jeden angekommen. Sie vermissen schmerzlich die sozialistischen Selbstverständlichkeiten.

Im Ringen um eine neue, den Kapitalismus überwindende Gesellschaftsordnung sollten wir nicht ihren kommunistischen Charakter »Jedem nach seinen Bedürfnissen«, sondern eher ihr sozialistisches Wesen »Jeder nach seiner Leistung« betonen.

Das Credo des *Kommunistischen Manifestes* lautet: *Mit einem Wort, die Kommunisten unterstützen überall jede revolutionäre Bewegung gegen die bestehenden gesellschaftlichen und politischen Zustände. In allen diesen Bewegungen heben sie die Eigentumsfrage, welche mehr oder minder entwickelte Form sie auch angenommen haben möge, als die Grundfrage der Bewegung heraus. (...) In diesem Sinne können die Kommunisten ihre Theorie in dem einen Ausdruck: Aufhebung des Privateigentums zusammenfassen.*

Dieses Credo hat nicht nur die Jahrhunderte überlebt, sondern ist durch die historische Entwicklung mannigfach belegt. Sozialismus ohne Vergesellschaftung der entscheidenden Finanz- und Produktionsmittel hat es nie gegeben und wird es nicht geben. Diese Erkenntnis ist unwiderruflich.

Noch nie hat sich im Kapitalismus das dominierende Privateigentum an Produktionsmitteln sozialen Maßstäben untergeordnet. Ihm konnten im besten Falle in Zeiten der weltweiten Konkurrenz durch sozialistische Staaten einige soziale Errungenschaften abgetrotzt werden. Unterordnen wird sich das kapitalistische Eigentum einzig und allein dem Profit.

Eine weitere Entstellung der Grundideen des *Kommunistischen Manifestes* erfolgt durch die Freiheitsdebatte. *Unter Freiheit versteht man innerhalb der jetzigen bürgerlichen Produktionsverhältnisse den freien Handel, den freien Kauf und Verkauf. Fällt aber der Schacher, so fällt auch der freie Schacher* – können wir im Manifest nachlesen. Freiheit statt Sozialismus ist Freiheit für das Kapital, nicht für die Menschen.

Oskar Lafontaine proklamiert die »Freiheit durch Sozialismus«. Aber auch er versteht darunter einen abstrakten Begriff persönlicher Ungebundenheit, losgelöst von sozialen und politischen Grundlagen. »Der zentrale Wert, für den die Linke politisch eintritt, ist die Freiheit, ist das Recht aller Menschen, ihr Leben selbst zu bestimmen. Die sozialistischen Staaten des Ostens, darunter die DDR, sind gescheitert, weil sie weder demokratisch noch rechtsstaatlich verfasst waren. Mit dem Versprechen einer besseren Zukunft missachteten sie die Freiheit. Sie waren daher weder sozialistisch noch demokratisch.«

Es ist offenkundig, dass den Verfassern derartiger Auffassungen immer noch der Schreck der Niederlage des Sozialismus unverarbeitet in den Gliedern steckt. Es ist in der Tat an der Zeit, fast 20 Jahre danach, nicht vorrangig nur über Scheitern und Niederlage zu deklamieren, sondern endlich klare Position zu den Ursachen der Niederlage und den notwendigen Schlussfolgerungen zu beziehen.

Aber ehe wir über die Niederlage reden, sollten wir erst einmal zu unseren Errungenschaften stehen. Der Aufbau des Sozialismus im 20. Jahrhundert bescherte den Menschen die längste Friedensperiode der Neuzeit. Geschichtlich einmalige Sozialleistungen, Vollbeschäftigung, für jedermann bezahlbare Mieten, Energie- und Transporttarife, ein kostenloses Gesundheitswesen, hohes Bildungs- und Kulturniveau waren nicht nur Selbstverständlichkeiten für die Bevölkerung der DDR, sie zwangen auch das westdeutsche Kapital, diesen Entwicklungen teilweise Rechnung zu tragen. Den Gewerkschaften wurden größere Möglichkeiten zur Mitbestimmung und für sozialpolitische Forderungen geschaffen. Die sogenannte »Soziale Marktwirtschaft« der BRD hat ihre Wurzeln in der sozialistischen Entwicklung der DDR.

Wer das missachtet, wer die DDR-Wirtschaft als »unproduktive Mangelwirtschaft« und das Staatswesen als »Diktatur« diffamiert, wird nie zu einem Konzept für den Sozialismus im 21. Jahrhundert finden. Er wird gewollt oder nicht gewollt einen abstrakten Freiheitsbegriff in das Zentrum der Sozialismusdebatte rücken, wo sich dieser doch nur aus den Eigentums- und Machtverhältnissen ableiten lässt.

An die Stelle der alten bürgerlichen Gesellschaft mit ihren Klassen und Klassengegensätzen tritt eine Assoziation, worin die freie Entwicklung eines jeden die Bedingung für die freie Entwicklung aller ist – heißt es im Manifest.

Wie wir sehen, treffen die bestimmenden Wesensmerkmale von Eigentum, Macht und Freiheit in einer sozialistischen Gesellschaft heute wie vor 160 Jahren zu.

Bereits 25 Jahre nach dem Erscheinen des Manifestes, im Jahr 1872, stellten Marx und Engels im Vorwort zur deutschen Ausgabe jedoch auch fest: *Wie sehr sich auch die Verhältnisse in den letzten fünfundzwanzig Jahren geändert haben, die in diesem Manifest entwickelten allgemeinen Grundsätze behalten im großen auch heute noch ihre volle Richtigkeit. Einzelnes wäre hier und da zu bessern. Gegenüber der immensen Fortentwicklung der großen Industrie seit 1848 und der sie begleitenden verbesserten und gewachsenen Organisation der Arbeiterklasse, gegenüber den praktischen Erfahrungen ... ist heute dies Programm stellenweise veraltet. (...)*

Indes, das Manifest ist ein geschichtliches Dokument, an dem zu ändern wir uns nicht mehr das Recht zuschreiben.

Nun sind seit dem Erscheinen des Manifestes bis heute nicht 25, sondern 160 Jahre vergangen. Das Manifest hat die Arbeiterklasse in vielen Teilen der Welt beim Kampf um die Überwindung der kapitalistischen Ausbeutergesellschaft inspiriert und geführt. Wir haben grandiose Siege errungen und schmerzliche Niederlagen erlitten. Deshalb sollten wir auch den Mut haben, auszusprechen, welche Aussagen des Manifestes nicht den Praxistest der Geschichte überstanden haben.

Der englische Historiker Eric J. Hobsbawn beschreibt das im Jahr 1998 so: »So verblüfft wir am Ende des Jahrtausends sein müssen über die Schärfe der Vision eines – damals noch weit in der Zukunft liegenden – wahrhaft globalisierten Kapitalismus, wie sie uns im Manifest entgegentritt, so verblüfft müssen wir andererseits das Ausbleiben einer weiteren seiner Prognosen konstatieren. Es liegt mittlerweile auf der Hand, dass die Bourgeoisie im Proletariat nicht ›vor allem ihren eigenen Totengräber‹ produziert hat.«

In der Tat: Die marxistische Analyse des Kapitalismus mit seiner visionären Voraussicht fasziniert bis heute.

Treffender als im *Kommunistischen Manifest* kann die heutige Globalisierung kaum beschrieben werden.

So richtig und unverrückbar diese grundsätzlichen Aussagen über die Entwicklung des Kapitalismus und die Wesensmerkmale einer neuen sozialistischen Gesellschaftsordnung sind, die Voraussage über die Unvermeidbarkeit des Sieges des Proletariats erfüllte sich bisher nicht.

Mit der Entwicklung der großen Industrie wird also unter den Füßen der Bourgeoisie die Grundlage selbst hinweggezogen, worauf sie produziert und die Produkte sich aneignet. Sie produziert vor allem ihren eignen Totengräber. Ihr Untergang und der Sieg des Proletariats sind gleich unvermeidlich.

Diese Aussage des Manifestes konnte durch die historische Entwicklung leider noch nicht bestätigt werden. In keinem einzigen hochentwickelten kapitalistischen Industrieland ist das Proletariat zum unvermeidlichen Totengräber des kapitalistischen Systems und Träger einer proletarischen Revolution geworden.

Unter den Bedingungen des 19. Jahrhunderts gingen Marx und Engels davon aus, dass die Entwicklung der Produktivkräfte zu einer massenhaften Konzentration der Arbeiterklasse und deren absoluter Verelendung führe.

Das trat in den entwickelten kapitalistischen Industrieländern bisher so nicht ein. Das Kapital wurde gezwungen, den Arbeitern zumindest Teile des Ertrages abzugeben. Es setzte den angeeigneten Reichtum und die ihm übertragenen Machtmöglichkeiten auch zunehmend zur Korrumpierung der Arbeiter und ihrer politischen Führer ein. Die moderne Entwicklung des Kapitalismus mit seiner hochautomatisierten und die Arbeitskraft zunehmend entbehrlich machenden Massenfertigung einerseits bei starker Zersplitterung der Dienstleistungen andererseits führte eben nicht dazu, dass die Arbeiterklasse zum revolutionärsten Element wurde.

Die immer massenhaftere Arbeitslosigkeit tut ein Übriges. Der Kapitalistenklasse ist es gelungen, dass sich diejenigen, die Arbeit haben, bereits als privilegiert gegenüber der zunehmenden Masse der Nichtarbeitenden empfinden. Sie kämpfen um ihren Arbeitsplatz und bessere Arbeits- und Lohnbedingungen. Sie sind aber nicht revolutionär im Sinne der Bereitschaft zum Sturz des kapitalistischen Systems.

Nicht zufällig verschieben sich die Zentren der revolutionären Bewegung. Sie konzentrieren sich zunehmend auf Entwicklungsländer. Das zwingt zu der Überlegung, ob die marxsche Aussage, dass Gesellschaftsordnungen nie untergehen, bevor in ihnen die Entwicklung der Produktivkräfte ausgeschöpft ist und in Widerspruch zu den Produktionsverhältnissen gerät, so zutrifft.

Diese Frage haben Marx und Engels 1882 in der Vorrede zur zweiten russischen Ausgabe des Manifestes selbst aufgeworfen. Sie schreiben: *Das »kommunistische Manifest« hatte zur Aufgabe, die unvermeidliche Auflösung des modernen bürgerlichen Eigentums zu proklamieren. In Russland aber finden wir ... die größere Hälfte des Bodens in Gemeinbesitz der Bauern. Es fragt sich nun: Kann ... eine wenn auch stark untergrabene Form des uralten Gemeinbesitzes an Boden unmittelbar in die höhere des kommunistischen Gemeinbesitzes übergehn? Oder muss sie umgekehrt vorher denselben Auflösungsprozess durchlaufen, der die geschichtliche Entwicklung des Westens ausmacht? Die einzige Antwort hierauf, die heutzutage möglich ist, ist die: Wird die russische Revolution das Signal einer pro-*

letarischen Revolution im Westen, so dass beide einander
ergänzen, so kann das russische Gemeineigentum am Boden
zum Ausgangspunkt einer kommunistischen Entwicklung
werden.

Eine Aussage von epochaler Bedeutung. Auf heute übertragen: Die Entwicklungsländer müssen nicht alle Stufen der kapitalistischen Ära durchlaufen, um zum Sozialismus zu gelangen.

Sozialismus zeichnet sich durch eigene, eben sozialistische Wesensmerkmale aus, die es in jeder Entwicklungsstufe der Produktivkräfte umzusetzen gilt. Sozialismus
kann nicht bedeuten, in der Gegenwart durch brutale
kapitalistische Ausbeutungsmethoden die Entwicklung
der Produktivkräfte voranzutreiben, um in einer fernen
Zukunft alle am sozialistischen Paradies teilhaben zu
lassen. Jede Generation hat einen Anspruch auf eine soziale und zivilisierte Lebensweise.

Wenn dem nicht so wäre, könnten wir nicht vom sozialistischen Kuba sprechen und der Entwicklung in Ländern Lateinamerikas sozialistische Tendenzen zuerkennen, denn zweifelsfrei haben dort die Produktivkräfte
noch nicht den höchsten Entwicklungsstand erreicht.

Wir können jedoch diese sozialistischen Entwicklungstendenzen ganz im Sinne von Marx und Engels als Signal einer sozialistischen Revolution für die Industrieländer verstehen und umsetzen.

Die Vergesellschaftung von Grund und Boden, die Verstaatlichung der wichtigsten Rohstoffvorkommen und
Schlüsselindustrien, die Abkopplung vom internationalen Finanzkapital durch Schaffung eigener Märkte und
Finanzinstitutionen, die demokratische Einbeziehung
breiter Kreise der armen und unterdrückten Bevölkerung, die Sicherung der Grundbedürfnisse, kostenlose

Bildung und Gesundheitsversorgung nach dem Beispiel Kubas und die volksdemokratische Mitbestimmung sind Wesensmerkmale dieser neuen historisch bedeutsamen Entwicklung, die sich in mehreren Ländern Lateinamerikas vollzieht.

Die Aufgabe der linken Bewegungen in Europa besteht darin, diese Entwicklung zu unterstützen und zu forcieren.

Es ist absehbar und bereits Realität, dass die immensen Widersprüche im kapitalistischen System zu schwersten Erschütterungen des kapitalistischen Weltsystems führen, in immer kürzeren Abständen, mit immer tiefergreifenden Wirkungen.

Einer, der es wissen muss, weil er selbst aus diesem System ungeheuren Nutzen gezogen hat und dessen Spielregeln kennt, der große Börsenspekulant Georges Soros, beschreibt diesen Vorgang so: »Dass das kapitalistische Weltsystem seinen eigenen Defekten erliegen wird, liegt meines Erachtens auf der Hand – wenn nicht dieses Mal, dann bei der nächsten Gelegenheit ... Ich sehe schon, auf welche Weise sich die endgültige Krise zusammenbraut. Sie wird politischer Natur sein. In den einzelnen Ländern werden Bewegungen entstehen, die die multinationalen Konzerne enteignen und das ›nationale‹ Vermögen zurückerobern wollen. Manche von ihnen werden erfolgreich sein ... Ihr Erfolg wird dann das Selbstbewusstsein der Finanzmärkte erschüttern und einen sich selbst verstärkenden Prozess nach unten auslösen. Es ist noch offen, ob es dazu schon diesmal oder erst beim nächsten Mal kommen wird.«

Diese Voraussicht ist zwar erst zehn Jahre alt, aber die Entwicklungen besonders in Lateinamerika bestätigen sie eindrucksvoll. Weitere Regionen werden folgen, wenn sich die Völker dem Raub ihres nationalen Eigentums widersetzen.

Sogar der CDU-Politiker Heiner Geißler hat das *Kommunistische Manifest* studiert und kommt zu der Meinung, »dass das jetzige Weltwirtschafts- und Finanzsystem moralisch krank und auf Dauer nicht konsensfähig ist ... Wenn die westlichen Staatsfrauen und -männer nicht endlich aufwachen, werden sich die Prophezeiungen von Marx und Engels doch noch erfüllen.«

Die Gräber für das Kapital öffnen sich, aber nicht von allein. Sie müssen von Menschen geschaufelt und der Kapitalismus muss durch Menschen hineingestoßen werden. Das Proletariat kann zum Totengräber des Kapitalismus werden, wenn wir die revolutionären Kräfte auch in Europa neu formieren.

Wir sollten dabei an die Aussagen des Manifestes dahingehend anknüpfen, dass sich das Proletariat letztlich aus allen Klassen der Bevölkerung rekrutiert.

Die bisherigen kleinen Mittelstände, die kleinen Industriellen, Kaufleute und Rentiers, die Handwerker und Bauern, alle diese Klassen fallen ins Proletariat hinab ... So rekrutiert sich das Proletariat aus allen Klassen der Bevölkerung ... Der Proletarier ist eigentumslos ...

Dazu zählen heute zunehmend diejenigen, die ohne Arbeit völlig aus dem gesellschaftlichen Leben ausgestoßen sind oder trotz Arbeit ihren Lebensunterhalt nicht mehr bestreiten können.

In der BRD ist nach aktuellen statistischen Untersuchungen bereits der Zustand erreicht, dass zwei Drittel der erwachsenen Deutschen über kein oder nur ein geringes Vermögen verfügen. Die sogenannte Mittelschicht ist seit dem Jahr 2000 drastisch um annähernd fünf Millionen Menschen gesunken. 75 Prozent aller Deutschen haben Sorgen vor ihrer wirtschaftlichen Zukunft.

Dieses Potential muss für eine sozialistische Umgestaltung der Gesellschaft gewonnen werden. Eine solche Zusammensetzung des Proletariats als die Klasse aller vom Kapital Geschädigten und Eigentumslosen erfordert aber auch eine Kultur der politischen Auseinandersetzung, die alle diese Schichten erreicht. Wenn wir diese zunächst für die sozialistische Idee gewinnen und später für eine sozialistische Umgestaltung mobilisieren wollen, müssen wir das Denken und Fühlen breiter Schichten der Bevölkerung erfassen und ihre Sprache sprechen.

Eine solche richtige und notwendige Entwicklung kann jedoch nur erfolgreich sein, wenn wir bei aller notwendigen Auseinandersetzung mit verirrten und falschen Auffassungen unter Linken nie vergessen, wo der politische Gegner steht. Niemand von uns Kommunisten hat die Wahrheit gepachtet, weiß auf alle Fragen die alleinig richtige Antwort, hat den Königsweg zum Sozialismus gefunden.

Deshalb sollten wir zwar streitbar, aber achtungsvoll miteinander umgehen. Alle linken Aktivitäten, die gegen die Allmacht des Kapitals gerichtet sind, sind ein Schritt in die richtige Richtung. Allein mit Losungen zum Klassenkampf werden wir die Bevölkerung ebenso wenig mobilisieren können wie mit akademischen Streitschriften oder langen unverständlichen Parteipamphleten.

Das Kommunistische Manifest ist ein Schulbeispiel, wie man eine klare Vision mit einfacher Sprache den Men-

schen verständlich macht. Vielleicht liegt gerade darin
die Überzeugungskraft, die die Jahrhunderte überdau-
ert hat.

Rede auf der Veranstaltung des Landesverbandes Brandenburg der DKP, KPD, KPF der Partei DIE LINKE und
der Territorialgruppen Brandenburg und Berlin des Rotfuchs Fördervereins am 15. März 2008 – bisher unveröffentlicht.

War die DDR pleite oder geht die BRD bankrott?

Grundbedingung für Vorstellungen für einen erneuerten Sozialismus im 21. Jahrhundert ist eine Auseinandersetzung mit dem realen Sozialismus des 20. Jahrhunderts. Es gilt, einerseits mit den verleumderischen Legenden vom Pleite- und Unrechtsstaat Schluss zu machen, andererseits die objektiven und subjektiven Mängel für das Scheitern schonungslos und nicht oberflächlich, sondern tiefgründig offenzulegen. Dabei geht es um die objektiven und prinzipiellen Fehler ebenso wie die im subjektiven Versagen. Mein vorrangiges Ziel dabei ist, nicht in erster Linie Abläufe zu beschreiben, sondern in das Wesentliche einzudringen und vor allem: Schlussfolgerungen für das Heute zu ziehen. Was muss bewahrt bleiben, welche Fehler dürfen nicht wiederholt werden?

Im Gegensatz zu vielen Kritikastern der DDR ist meine Grundposition eindeutig: Die DDR war mit ihrer Friedens- und Sozialpolitik der humanste Staat auf deutschem Boden. Das gilt es, im Bewusstsein der Menschen zu bewahren oder zurückzuholen. Begangene Fehler und Mängel sind dazu da, aus ihnen zu lernen, nicht, sich an ihnen zu weiden und zur Verleumdung einer sozialistischen Gesellschaft zu missbrauchen.

Wesentliche Aussagen zur Wirtschaftssituation der DDR im Vergleich zur BRD, die ich auch in meinen Büchern immer wieder verwendet habe, wurden von mir auf einem Vortrag anlässlich des 20. Jahrestages der Währungsunion 2010 getroffen:

Es war am späten Abend des 6. Juni d. J. (2010): Drei jammervolle politische Gestalten treten vor die Kameras. Eingerahmt vom römisch dekadenten Vizekanzler (Westerwelle) und einem bemitleidenswerten Finanzakrobaten (Steinbrück) gibt die Kanzlerin eine Erklärung ab: Der Staat ist nicht mehr in der Lage, seinen Verpflichtungen gegenüber dem Volk nachzukommen, und muss deshalb – natürlich alternativlos – radikale Ausgabenkürzungen – natürlich vorrangig bei denen, die ohnehin nichts haben – vornehmen. Das kommt einer Bankrotterklärung gegenüber dem Volk gleich.

Am nächsten Tag verkündet das gleiche Trio die Einzelheiten der nächtlich beschlossenen Sparorgie. Die Maßnahmen sind uns bekannt: Keine Steuererhöhungen – auch nicht für Multimillionäre. Härteste existenzbedrohende Einschnitte bei den Ausgestoßenen der Gesellschaft, besonders bei Hartz-IV-Empfängern. Vage, nicht durchsetzbare Vorstellungen in der Wirtschaft und Finanzwelt. Der Römisch-Dekadente bezeichnet das als »ausgewogen, fair und gerecht«. Der Finanzakrobat erklärt: »Das ist nicht unsozial, das ist maßvoll. Wir haben bei jeder Kürzung darauf geachtet, dass wir sie auch den Betroffenen in der Sache gut begründen können.« Die Kanzlerin zeigt Führungsstärke: »Ich habe entschieden, unter Beachtung aller Umstände, dass dieses Programm ein ausgewogenes, ein gutes Programm ist.« Vor wenigen Tagen hat sie kraft der ihr von Gott gegebenen Allmacht auch die Krise schlicht und einfach für beendet erklärt. Basta, sprach ihr Vorgänger in solchen Fällen.

Wer der Koalition die Sparmaßnahmen diktiert hat, verrät uns die Kanzlerin nicht. Am Freitag vor der Sparklausur im Kanzleramt verkündete Arbeitgeberpräsident Dieter Hundt über die Presse: »Die Ausgaben für Arbeitslose müssen um sechs Milliarden gekürzt werden.« Fünf Milliarden sind es dann geworden. Im nicht mehr zu überbietenden Zynismus verkündet er, dass die Verlängerung des Arbeitslosengeldes für Ältere auf bis zu 24 Monaten falsch war, »weil damit Anreize verloren gegangen sind, möglichst schnell wieder eine Beschäftigung aufzunehmen«.[11] Die willenlose Kanzlerin, die dem »lieben Herrn Hundt« schon in ihrer Laudatio zu dessen 70. Geburtstag bescheinigt hatte, wie gern sie auf ihn als »engagiertesten Vertreter der sozialen Marktwirtschaft« hört, setzt auch in diesem Falle seine Vorgaben eins zu eins um.

Der bürgerliche *Tagesspiegel* meint: »Rigoroses Sparen öffnet die Schere zwischen Arm und Reich weiter. Ja, es muss gespart werden. Aber es kann nur gespart werden, wenn das größte Tabu fällt. Eine finanzstarke Oberschicht ist über Jahrzehnte aus Verpflichtungen mehr und mehr entlassen worden. Über Steuererhöhungen muss gesprochen werden.«[12]

Zur Bewältigung dieser Herausforderungen hat die Bundesregierung keinerlei tragfähiges Konzept. International stehen sich zwei gleichermaßen untaugliche Lehrmeinungen und Handlungsmaximen gegenüber. Die angloamerikanische Variante heißt: Weitere Schulden machen und dadurch Wirtschaft und Konsum ankurbeln. Wohin soll das führen? Die weltweite Verschuldung der Staaten hat bereits die unvorstellbare Größe von 40 Billionen Dollar, das entspricht mehr als der Weltwirtschaftsleistung eines ganzen Jahres, erreicht. Auf der anderen Seite der Bilanz: Der Welt-Vermögens-Bericht 2010 sagt aus, dass weltweit zehn Millionen Menschen mit einem liquiden Vermögen von jeweils mindestens

11   In: *Tagesspiegel*, 4. Juni 2010.
12   Leitartikel. In: *Tagesspiegel*, 18. Mai 2010.

einer Million Dollar – wohlgemerkt ohne Immobilien, Jachten, Flugzeuge, Luxuskarossen, Schmuck – über 39 Billionen Dollar verfügen, ein Anwachsen von 19 Prozent gegenüber dem Vorjahr – in Zeiten der weltweiten Krise! Die Zahlen sind fast deckungsgleich. Ein Zufall?

Nur verschämt wird im Bericht auch mitgeteilt, dass die Krise weltweit 53 Millionen Menschen zusätzlich in absolute Armut gestürzt hat und ein Drittel aller Menschen mit weniger als zwei Dollar pro Tag auskommen muss.[13]

Die Regierungen der reichen Länder und insbesondere dieses überreichen Deutschlands entblöden sich nicht, unter diesen Bedingungen den Völkern einreden zu wollen, dass Sparen alternativlos notwendig ist, um die Staatsfinanzen wieder in Ordnung zu bringen. Natürlich kann gespart werden: Bei der Rüstung und den Kriegskosten; im überdimensionierten Beamten- und Justizapparat; bei sinnlosen Beraterfirmen; im profitorientierten Gesundheitswesen; bei Berliner Luftschlössern, überdimensionierten Flughäfen, Leipziger und Stuttgarter Untergrundtrassen und vielem anderen mehr. Der Bund der Steuerzahler listet jährlich Hunderte Millionen nutzlos verausgabter Steuermittel auf. Das generelle Problem der Verschuldung ist aber durch Sparen nicht lösbar.

Also wird die Wunderwaffe »Wirtschaftswachstum« beschworen. Die *Frankfurter Allgemeine Zeitung* (FAZ) bettelt: »Ach, gäbe es doch nur ein kräftiges Wirtschaftswachstum!«[14] Die Gottgläubigkeit an diese Wunderwaffe nimmt groteske Züge an. In Toronto haben die Mächtigen der Welt sogar die Quadratur des Kreises

---

13 In: *Tagesspiegel*, 23. Juni 2010.
14 In: *Frankfurter Allgemeine Zeitung*, 25. März 2010.

gefunden. *Wachstumsfreundlicher Defizitabbau* heißt die inhaltsleere Floskel.

Wachstum ist jedoch nicht die Lösung des Problems, sondern wird zunehmend zum Problem selbst. Die Entwicklung in den führenden kapitalistischen Industriestaaten zeigt, dass mit Wirtschaftswachstum seit längerer Zeit die gesellschaftlichen Probleme nicht gelöst, sondern verschärft werden.

Genau diese Entwicklung ist in Deutschland in der Wachstumsperiode der letzten 15 Jahre (1992 bis 2006) eingetreten. In dieser Periode wuchs die deutsche Wirtschaft zwar um 140 Prozent. Der Anteil der den »Staat ruinierenden Nettolöhne und Sozialleistungen« ist jedoch zurückgegangen. Auch Arbeitsplätze wurden nicht geschaffen. Im Gegenteil: Das volkswirtschaftliche Arbeitsvolumen sank auf 93 Prozent.

Wirtschaftswachstum löst die Probleme nicht. Im Gegenteil: Es schafft neue. Die Ungleichheit der Verteilung nimmt zu. Ressourcen werden verschleudert, die Umwelt geschädigt. Warum sollten auch Industriestaaten, wie die BRD oder USA und Japan, mit einem jährlichen BSP von 40.000 und mehr Dollar pro Kopf im Jahr immer mehr Wachstum benötigen – und das manifestiert in Firlefanz und Schnickschnack, wie ein amerikanischer Politökonom es ausdrückte –, wenn die Mehrheit der Menschen mit weniger als 2.000, viele mit weniger als 500 Euro auskommen müssen – und ihnen die elementarsten Lebensgrundlagen fehlen? Die Antwort liegt auf der Hand: Unablässiges Wirtschaftswachstum ist die Grundlage für Profit und damit die Triebkraft der kapitalistischen Entwicklung. Ohne Wachstum kein Kapitalismus.

Grundlegende Antworten auf die Bankrotterklärung

der Kanzlerin müssen aus linker Sicht in anderer Form gefunden werden.

Die SPD-nahe Friedrich-Ebert-Stiftung sieht das so: »Krisen zeigen, dass etwas an dem zuvor herrschenden Gedankenmodell falsch war. Sie bieten die Chance, all jene Lehrmeinungen und Interessen in Frage zu stellen, die lange kaum hinterfragt weitergegeben und alleine durch ihre schlichte Verbreitung als allgemeingültig hingenommen wurden. (...) Entscheidend ist dabei, dass klar ist, wohin dieser Weg führen soll.«[15]

Wohin soll der Weg nach Meinung der Stiftung führen? In den guten regulierten Kapitalismus, auf dass er »seine gefährliche Krisenhaftigkeit verliert«. Keynes und sein regulierter Kapitalismus werden zunehmend hofiert.

Wir als Linke sollten jedoch nicht nach den »guten Seiten des Kapitalismus forschen« oder uns auf Keynes zurückbesinnen wollen. Vielmehr ist es notwendig, nicht nur im Denken, sondern auch im Handeln die beschränkten und eingefahrenen Gleise des bestehenden Systems zu verlassen. Es gehörte wohl zu den größten Denkfehlern unserer Generation, dass wir Lösungen für unsere Probleme nur innerhalb eines starren Systemdenkens suchten und nicht mehr fanden. Die herrschende Schicht des Kapitals und ihre angeschlossenen Politiker, Wissenschaftler und Medien begehen den gleichen Fehler. Krisen und Staatsbankrotte sind aber nicht *im*, sondern nur bei Überwindung *des* Systems lösbar.

Bevor wir uns diesen Möglichkeiten und Notwendigkeiten zuwenden, ist die Beantwortung der Frage not-

---

15 Sebastian Dullien/Hansjörg Herr/Christian Kellermann: »Der gute
    Kapitalismus ... und was sich dafür nach der Krise ändern müsste«.
    Friedrich-Ebert-Stiftung, Oktober 2009.

wendig, ob das andere System, in dem die Mehrzahl der heute Anwesenden gelebt, gearbeitet und gekämpft hat, nicht auch pleitegegangen ist.

Es gehört zu den Lieblingsargumenten leider nicht nur der Unwissenden im Lager des politischen Gegners: Die DDR war doch wirtschaftlich am Ende und pleite.

Der letzte Ministerpräsident der DDR, Lothar de Maizière, gibt in einem aktuellen Interview Folgendes von sich: »Die DDR war pleite. (...) Die Wirtschaft war mit 240 Mrd. Mark verschuldet, die Bevölkerung hatte 160 Mrd. DM Spareinlagen, die nur das Papier wert waren, die DDR musste sich jährlich 10 Mrd. DM Kredite mit kriminellen Methoden ergaunern und Fachleute – welche? – sagten ihm, die DDR stehe noch 1990 vor der Zahlungsunfähigkeit. Das habe ihn veranlasst, zu Kohl an den Wolfgangsee zu reisen und diesen zu bitten, den Anschluss der DDR an die BRD zu beschleunigen, weil sonst Kohl Weihnachten die Bundeswehr nach Leipzig schicken müsste, damit die Straßenbahn fährt.«[16]

Als Kronzeuge für den Bankrott der DDR-Wirtschaft wird das »Schürer«-Papier – exakter die Vorlage von Gerhard Schürer, Vorsitzender der Staatlichen Plankommission der DDR, für das Politbüro der SED unter dem Titel »Analyse der Lage der DDR mit Schlussfolgerungen« vom 30. Oktober 1989 – herangezogen.

Was hat es mit diesem Papier auf sich?

Viele der im Schürer-Material enthaltenen Aussagen, insbesondere über die Verschuldung der DDR, entsprachen nicht den Tatsachen. Die Lage wurde dramatisiert dargestellt. Die wesentliche Ursache besteht darin,

---

16   Lothar de Maizière in: Ed Stuhler: *Die letzten Monate der DDR. Die Regierung de Maizière und ihr Weg zur deutschen Einheit.* Ch. Links Verlag 2010, S. 141–148.

dass die Guthaben außerhalb der Planwirtschaft im Bereich Kommerzielle Koordinierung (KoKo) darin nicht erfasst sind. In der DDR hatte sich ein Doppelsystem wirtschaftlicher Tätigkeit entwickelt, das streng voneinander abgegrenzt war. In Show-Veranstaltungen – genannt »Leipziger Seminare« – wurden von Günter Mittag die wirklichen und scheinbaren Erfolge sozialistischer Planwirtschaft öffentlich zelebriert. In die Tätigkeit des Bereiches KoKo hatten die Verantwortlichen für die Planwirtschaft keinen Einblick. Die Wahrheit über die Verschuldung der DDR kam erst 1999 durch den Bericht der Deutschen Bundesbank über »Die Zahlungsbilanz der ehemaligen DDR 1975 bis 1989« und weiterer nachfolgender Informationen ans Tageslicht.

Daraus ergibt sich: Die DDR war nicht nur nicht pleite, sondern sie war von einer Pleite wesentlich weiter entfernt, als es alle führenden kapitalistischen Staaten heute sind. Wann ist ein Staat pleite? Er ist dann pleite, wenn sein Schuldenstand eine solche Höhe erreicht hat, dass er im Inland seinen Zahlungsverpflichtungen in Form von Löhnen, Renten, Sozialleistungen nicht mehr nachkommen kann oder im Ausland seine Zahlungsverpflichtungen nicht erfüllt. Nichts davon traf auf die DDR zu.

Zunächst zu den Auslandsschulden, die im Kernpunkt der Verleumdung stehen. Die Fakten: Nach abschließenden Untersuchungen der Deutschen Bundesbank und des bundesdeutschen Wirtschaftsministeriums hatte die DDR zum Zeitpunkt ihres Unterganges im NSW Auslandsschulden von 19,9 Milliarden VM. Dem standen Guthaben im SW von 23,3 Milliarden VM gegenüber. Jedermann weiß, dass Guthaben im SW nicht mit Schulden im NSW zu verrechnen waren und dass

uns die laufende Bedienung unserer Zahlungsverpflichtungen im NSW durchaus erhebliche Probleme bereite-
te. Aber Probleme haben oder zahlungsunfähig zu sein,
sind unterschiedliche Dinge. Summa summarum hatte
die DDR also Guthaben im Ausland. Von diesen konnte
die BRD beim Einkauf östlicher RGW-Länder in die EU
übrigens vorzüglich profitieren. Mehrere Länder wurden durch großzügigen Schuldenerlass von DDR-Gutha-
ben zum EU-Beitritt geködert.

Die innerstaatliche Verschuldung der DDR betrug zum
Zeitpunkt des Beitritts 1989 ein Bruchteil dessen, was
die BRD bereits damals in den Vereinigungsprozess
eingebracht hat. Umgerechnet in Euro betrug die reale Staatsverschuldung der DDR damals 1.200 Euro pro
Kopf der Bevölkerung, das waren circa 10 Prozent des
Bruttoinlandsproduktes. Selbst der DDR-Hetzer und
-Plattmacher, der damalige CSU-Finanzminister Waigel,
kam nicht umhin, in einer Sitzung des Bundesrates am
25. Mai 1990 zu erklären: »Die entstehenden Finanzde-
fizite sollten zu rund einem Drittel von der DDR selbst
finanziert werden. Diese Selbstbeteiligung ist zumut-
bar, weil die DDR mit 40 Mrd. DM – rund 13 Prozent
des Bruttosozialproduktes – eine vergleichsweise gerin-
ge Ausgangsverschuldung aufweist.«[17]

Zum Vergleich: Die BRD brachte 1989 in die Vereini-
gung Schulden von 8.100 Euro je Einwohner (= 40 Prozent des BSP) ein und liegt heute bei 21.000 Euro (= 73
Prozent des BSP). Wohin die weitere Reise geht, weiß
niemand.

Eine der infamsten Entstellungen der wirtschaftlichen
Realität erfolgt durch westdeutsche Politiker, Ökono-

---

17 Zitiert nach: Siegfried Wenzel: *Was war die DDR wert?* Das Neue
    Berlin 2006, S. 30.

men und Medien dadurch, dass behauptet wird, der Anstieg der Staatsverschuldung der BRD hängt mit den Lasten der deutschen »Wiedervereinigung« zusammen. Auch diese Aussagen halten einer sachlichen Aussage nicht stand. Die DDR-Wirtschaft hat sich – bezogen auf den Kopf der Bevölkerung – von 1949 bis 1989 wesentlich schneller entwickelt als die der BRD. Der Produktivitätsrückstand gegenüber der BRD wurde von circa 75 Prozent im Jahre 1949 auf circa 50 Prozent im Jahre 1989 verringert. Und das trotz Reparationsleistungen Ost und Marshallplan West, trotz Wirtschaftsembargo, Handelsbeschränkungen, Währungsmanipulationen, Abwanderung und Abwerbung von Millionen Menschen in der Zeit der offenen Grenzen.

Einen Bankrott zu DDR-Zeiten gab es nicht. Wahr ist, dass es für die Bürger der DDR bis 1989 soziale Sicherheit gab und für sie Arbeitslosigkeit, Obdachlosigkeit, Schlangestehen vor Suppenküchen, Tafeln und Kleiderkammern oder Schuldnerberatungsstellen, Ausgeschlossensein von kultureller Teilhabe, das Gefühl des Überflüssigseins und Perspektivlosigkeit fremd waren. Der Bankrott der DDR-Wirtschaft wurde 1989/90 vom westdeutschen Kapital und der Politik durch Währungsunion, Treuhand und Reprivatisierung gezielt herbeigeführt. Ein ehemals führendes Industrieland wurde an den Tropf von Transferleistungen gehängt.

Das westdeutsche Kapital riss sich durch den Beitritt der DDR ein Volksvermögen von annähernd 1,5 Billionen DM in den gierigen Schlund. Durch das Niederwalzen der ostdeutschen Wirtschaft bluten die ostdeutschen Länder bis heute aus. Über 3 Millionen, meist arbeitsfähige Bürger haben die sogenannten neuen Bundesländer verlassen. Bis heute ist das DDR-Niveau der Industrieproduktion noch nicht wieder erreicht. In den alten Bundesländern jedoch stieg die Wirtschaftsleistung sprunghaft um 7 Prozent an. Eine Gesamtbilanz »Was die DDR zum Wohlstand der BRD beigetragen hat« kann man meinem kleinen Büchlein *Die Schulden des Westens* entnehmen. Ich komme auf eine Gesamtschuld in der Größenordnung von 5 Billionen Euro.

Auch das infamste aller Wirtschaftsergebnisse aus dem Vereinigungsprozess, das man in keiner offiziellen Statistik findet, ist darin dokumentiert. Nach einer Studie der Goethe-Universität Frankfurt/Main stiegen die Vermögen der westdeutschen Haushalte von 1988 bis 1993 – also eindeutig als Ergebnis der »Wiedervereinigung« – beim Geldvermögen um 1 Billion DM, beim Sachvermögen um 2,5 Billionen DM – natürlich konzentriert in der Oberschicht von Aktionären, Gesellschaftern, Politikern, Firmenberatern, Finanzjongleuren, Glücksrittern und Abzockern aller Couleur.

Wir kehren zur politischen Bankrotterklärung der Bundeskanzlerin zurück. Was sind die Auswege aus der Existenzkrise des gegenwärtigen Systems?

1. »Schulden« entstehen im kapitalistischen Staat dadurch, dass der Staat weder dafür geschaffen noch in der Lage ist, den auswuchernden Reichtum für staatliche Aufgaben zu nutzen. Er überlässt und mehrt den Reichtum der nicht nur dekadenten, sondern vor allem parasitären Oberschicht. In den letzten 15 Wachstumsjahren in Deutschland steht einem Anwachsen der Staatsschulden um 1 Billion Euro ein Anwachsen der privaten Geldvermögen um 2,5 Billionen Euro gegenüber. Es hat die gigantische Höhe von über 4,5 Billionen Euro erreicht, und zwar nicht bei »den Deutschen«, sondern in der dekadenten deutschen Oberschicht.

Von diesem nutzlosen Spekulationskapital »borgt« sich der Staat über Staatsanleihen und andere Finanztransaktionen die ihm fehlenden Mittel. Daran ist nichts auszusetzen. Im Gegenteil, dadurch werden wenigstens Teile des brachliegenden und durch weltweite Ausbeutung entstandenen Kapitals nutzbringend eingesetzt. Verwerflich ist, dass diese »Schulden« nicht nur zurückgezahlt, sondern je nach Bonität und manipulierter Wertung US-amerikanischer Ratingagenturen auch noch hoch verzinst werden. Der zweithöchste Posten im Staatshaushalt der BRD ist der »Schuldendienst«. Um den bedienen zu können, presst der Staat immer mehr aus der arbeitenden und nicht arbeitenden Bevölkerung heraus. Eine Todesspirale ohne Ende. Die Lösung liegt auf der Hand. *Die Welt* schreibt: »Wenn sich der Staat eines guten Drittels sämtlicher Geldvermögen (Sparbücher, Aktien, Lebensversicherungen) bemächtigen würde, könnte er auf einen Schlag alle Schulden tilgen. Doch das sind natürlich keine realistischen Szenarien.«[18] Abgesehen davon, dass die Oberschicht kaum Sparbücher besitzt und es auch nicht darum geht, Omas Lebensversicherung anzutasten, warum ist das eigentlich kein realistisches Szenarium? Weil das politische Kräfteverhältnis dafür noch nicht vorhanden ist? Dann muss es durch linke Politik gestaltet werden! Die ganze Demagogie, dass die Jungen die Schulden der Alten bezahlen müssen, wäre vom Tisch. Wir können nur hoffen und müssen etwas dafür tun, dass den Jungen klar wird, dass nicht die Alten ihren Lebensstandard verprassen, sondern die kapitalgeschwängerte Oberschicht.

---

18 »Schulden gefährden den Wohlstand des Westens«. In: *Die Welt*. Auf: https://www.welt.de/finanzen/article5809627/Schulden-gefaehr-den-den-Wohlstand-des-Westens.html. Stand: 3. Mai 2010.

2. Der erste Schritt zur Lösung des Problems wäre die Beseitigung der Macht des Finanzkapitals. »Finanzsysteme stellen das Gehirn des ökonomischen Systems dar«, stellt die Friedrich-Ebert-Stiftung fest[19], natürlich ohne sich auf Marx oder Lenin zu berufen. Die Debatten um Kapitalumsatzsteuer, Bankenabgabe oder Besteuerung von Boni der Manager sind relativ uninteressant. Man muss nicht dagegen sein, aber das Problem wird dadurch mitnichten gelöst. Selbst der legendäre US-Notenbankchef Alan Greenspan räumt ein: »Regulierungen des Finanzsektors sind ineffektiv, da die Finanzmarktteilnehmer früher oder später eine Möglichkeit finden, diese zu umgehen.«[20] Es ist wie beim Doping. Haben die Fahnder eine Methode unter Kontrolle, haben die Sünder längst drei andere entwickelt. Nach dem G20-Gipfel und den USA-Gesetzen zur »Regulierung des Finanzmarktes« herrscht Partystimmung an der Wall Street, schreibt die Presse.

Der verstorbene Börsen-Guru Kostolany meinte: »Ich gehe gern in die Börsensäle (egal, in welchem Land), denn nirgends auf der Welt kann ich pro Quadratmeter so vielen Dummköpfen begegnen, Menschen, die stark über ihre geistigen Verhältnisse leben.«[21]

Wo ist ein Gesellschaftssystem hingekommen, wenn wild gewordene Aktionäre, Spekulanten und Manager, unbeeinflusst von den realen Wirtschaftsdaten, von den Bedürfnissen, Sorgen und Nöten der Menschen

---

19 Sebastian Dullien/Hansjörg Herr/Christian Kellermann: »Der gute Kapitalismus ... und was sich dafür nach der Krise ändern müsste«. Friedrich-Ebert-Stiftung, Oktober 2009.

20 Alan Greenspan in: *Financial Times*, March 16, 2008.

21 Zitiert in: Klaus Blessing: *Ist Sozialistischer Kapitalismus möglich?* edition ost 2003, S. 151.

ganz zu schweigen, nur noch ein Ziel kennen: Geld, Geld und nochmals Geld aus Geld machen? Was ist das für ein Wirtschaftssystem, in dem wenige Menschen, die »stark über ihre geistigen Verhältnisse leben«, Monopoly nicht nur mit einzelnen Betrieben, sondern mit Konzernen, Volkswirtschaften und letztlich der gesamten Menschheit spielen? Was ist das für ein politisches System, das sich nicht nur mehr oder weniger hilflos diesem Spieltrieb unterordnet, sondern dieses System noch als das beste der Welt anpreist?

Deshalb: Das Finanzmarktcasino ist nicht zu regulieren, es muss geschlossen werden. Der ehemalige Vizepräsident der Weltbank und Wirtschaftsnobelpreisträger Joseph Stiglitz fordert: »Diese Institute müssen verstaatlicht werden. Dann kann die Regierung jene Geschäftsfelder schließen, die mit der Kreditvergabe nichts zu tun haben und sicherstellen, dass die Banken keine esoterischen Wertpapier-Wetten mehr veranstalten, die sie selber nicht verstehen.«[22]

Damit wir uns recht verstehen: Verstaatlichen heißt nicht »verstaatlichen« nach dem Muster von Josef Ackermann und der ihm ergebenen Angela Merkel: Staatsknete geben und ansonsten alles beim Alten lassen. Verstaatlichen heißt: Die Aktionäre enteignen und eine gesellschaftliche Kontrolle über die Banken ausüben. Denn der Staat, so wie er ist, besorgt die Interessen des Kapitals. Und es verändert sich gar nichts, wenn ein Staatssekretär im Aufsichtsrat einer Bank sitzt. Im Gegenteil: Er haftet mit Steuermitteln für die Risiken der Bank.

---

22 »Deutschland muss mehr tun«. Joseph Stiglitz in: *Spiegel Online*,
    02.04.2009. Auf: http://www.spiegel.de/wirtschaft/us-oekonom-stiglitz-
    deutschland-muss-mehr-tun-a-616745.html.

Eingeschlossen sein muss ein Rückbau des Wildwuchses sich untereinander verschuldender und betrügender Finanzinstitute. Dem Programmentwurf der LINKEN ist ausdrücklich zuzustimmen, wenn gefordert wird: »DIE LINKE tritt für ein Bankensystem aus drei Säulen ein: Sparkassen, Genossenschaftsbanken und staatliche Großbanken. Ein funktionierender Finanzsektor ist ein öffentliches Gut, seine Bereitstellung daher eine öffentliche Aufgabe.« Ich möchte ausdrücklich unterstreichen, dass diese Forderung kein avantgardistisches Revolutionsprogramm darstellt, sondern Verfassungsgrundsatz in den meisten alten Bundesländern ist. So schreibt die Landesverfassung Hessen vor: »Mit Inkrafttreten dieser Verfassung (das ist am 1. Dezember 1946 erfolgt, K. B.) werden vom Staate beaufsichtigt oder verwaltet: die Großbanken und Versicherungsunternehmen.« Jedoch: Im gepriesenen Rechtsstaat BRD werden nicht die Politiker bespitzelt, die die Verfassungen fundamental missachten und brechen, sondern diejenigen, die sich für deren Durchsetzung engagieren.

3. Ein wesentlicher Schritt in die richtige Richtung wäre eine generelle Veränderung des Systems der Steuern und Abgaben. Es ist doch absurd, dass das wesentliche Aufkommen bei Steuern und Abgaben von der *arbeitenden* Bevölkerung erbracht werden muss. Das System tut alles, um Arbeit durch Rationalisierung freizusetzen. Schon kursieren Karikaturen, die schweißgebadet den letzten deutschen Arbeiter mit dem Aufschrei aus dem Traum erwachen lassen: »Mutter, ich habe geträumt, ich bin der letzte Arbeiter und muss mit meinen Abgaben die ganze Nation ernähren.« Der Generationenvertrag ist hinfällig. Nicht immer weniger Arbeitende können immer mehr Nichtarbeitende tragen. Die dazu von

»Wissenschaftlern« angestellten Zukunftsberechnungen sind Makulatur. Diese Rechnungen können nie aufgehen. Die »Last« der Abgaben hat nicht der Arbeitende, sondern die gesamte Gesellschaft zu tragen. Nicht der Lohn hat die Bezugsgröße darzustellen, sondern der Verbrauch von Ressourcen und der Ertrag. Es versteht sich, dass auch hierzu der Wildwuchs um den höchsten Profit »konkurrierender« Kassen, Vereinigungen und Behörden bei der Verwaltung der Abgaben zu unterbinden ist.

4. Dreh- und Angelpunkt eines menschenwürdigen Lebens ist und bleibt der Erwerb des Lebensunterhalts durch eigene Arbeit. Es widerspricht in höchstem Maße dem inhaltsleeren Geschwätz von der Unantastbarkeit der Würde des Menschen, wenn eine immer größere Zahl von Menschen nicht nur aus dem Arbeitsprozess ausgestoßen, sondern gedemütigt und reglementiert wird. Es gibt dagegen nur eine durchgreifende Lösung: Reduzierung der gesellschaftlichen Arbeitszeit auf 25 bis 28 Wochenstunden. Der Journalist und Buchautor Harald Schumann stellt berechtigt fest: »Die Verkürzung der Arbeitszeit wäre zwingend notwendig, um eine tiefe Spaltung der Gesellschaft zu verhindern. Damit direkt verbunden –und das ist das größte Hindernis – wäre eine massive Umverteilung der Einkommen. Regierungsberater Jackson sieht darin das ›Kernelement‹ einer alternativen Strategie.«[23]

Was Schumann wie fast jeder noch so gut gemeinte Vorschlag jedoch offen lässt, ist die Frage, wie dieses Kernelement durchgesetzt werden soll. Jeder möge sich selbst die Frage beantworten, ob derartig durchgreifen-

---

23 Harald Schumann: »Die Grenzüberschreitung«. In: *Der Tagesspiegel*, 5. Juni 2010.

de Veränderungen im Rahmen des kapitalistischen Ge-
sellschafssystems realisiert werden können. Natürlich
nicht, dann wäre es kein Kapitalismus mehr. Und genau
das ist das Kernelement. Noch so gut – oder manchmal
auch schlecht – gemeinte Vorschläge zur Verbesserung
des Systems müssen ins Leere laufen, wenn nicht die
Grundfrage aufgeworfen und gelöst wird: Enteignung
des Privatkapitals. Niemals wird es möglich sein, dem
Kapital die geraubte Beute nachträglich über Steuern
und Abgaben wieder abzunehmen. Die Paradiese dieser Welt sind zu verlockend! Ausreichend Mittel für die
gesamte Gesellschaft sind nur zu gewinnen, wenn die
Gesellschaft die objektiven Möglichkeiten in Form gesellschaftlichen Eigentums dazu besitzt. Es gehört zur
Tragik der Geschichte und Gegenwart linker Bewegungen, dass um diese Grundfrage immer noch herumge-
eiert wird. Dabei zähle ich mich weder zu linken Träu-
mern noch Ewiggestrigen, wenn ich meine Position mit
Vehemenz vertrete. Linke Träumer sind wohl eher diejenigen, die meinen, ohne die Eigentums- und Machtver-
hältnisse zu ändern, dem Kapital soziale und ethische
Zugeständnisse abringen zu können.

Fassen wir zusammen:

Dem Symposium liegt die Frage zugrunde: War die DDR
pleite oder geht die BRD bankrott?

Die Antwort ist eindeutig:

Die DDR war zu keiner Zeit pleite. Gleichwohl hatte sie
ökonomische und auch Zahlungsprobleme, zum Teil
hausgemacht durch eine unkoordinierte Wirtschaftspolitik. Daraus aber ableiten zu wollen: Wenn die DDR
nicht pleite war, dann hätten wir ja so weiter machen
können – wie man das gelegentlich hört –, ist unhisto-
risch und unrealistisch. Die DDR war eingebunden und

nur lebensfähig im Gesamtsystem der sozialistischen Staaten, insbesondere der UdSSR. Dieses politische System zerbrach 1989. Damit auch das der DDR.

Das System der BRD, eingebettet in das Gesamtsystem des Kapitalismus, ist politisch, sozial und ethisch bankrott. Es ist nicht in der Lage, die Lebensbedürfnisse für die Mehrheit der Menschen zu befriedigen. Wann der ökonomische und finanzielle Bankrott folgt, ist seriös nicht vorauszusagen. Solange das System durch Betrug und Schwindel, Papiergeld und elektronische Luftbuchungen, notfalls auch mit Gewalt, noch sein Überleben sichern kann, wird es das tun. Die Szenarien des Untergangs zeichnen sich jedoch klar ab. Das weltweite Verschuldungssystem wird und muss zusammenbrechen.

Deutschland und die Welt stehen vor Herausforderungen, die bisherige Maßstäbe sprengen. Die Krise bleibt uns als Dauerkrise zulasten der einfachen Menschen erhalten, ihre Wirkungen werden weiter verstärkt spürbar sein. Da ändern weder Schutzschirme noch Konjunkturprogramme und erst recht unsoziale Sparprogramme nichts.

Ändern wird sich nur etwas, wenn endlich die Ausgestoßenen dieser Gesellschaft aufwachen und noch einmal die Geschicke selbst in die Hand nehmen. Gerade Leipzig bietet dafür Tradition und Erfahrung.

Rede auf einem Symposium der Partei DIE LINKE anlässlich des 20. Jahrestages der Währungsunion in Leipzig am 3. Juli 2010 – bisher unveröffentlicht.

HATTE DER OSTEN BEIM WESTEN »SCHULDEN« – ODER IST ES UMGEKEHRT?

Ein Bestseller gelang mir mit dem Buch Die Schulden des Westens. *Darin habe ich die finanziellen Probleme zwischen Ost und West vom Kopf auf die Füße gestellt – und die gegenseitigen Finanzverpflichtungen quantifiziert:*

Seit Gründung beider deutscher Staaten im Jahr 1949 plündert die Bundesrepublik die Deutsche Demokratische Republik und nunmehr den Osten Deutschlands aus: Einseitige Reparationsleistungen, Abwerbung und Abwanderung von über drei Millionen ausgebildeten Arbeitskräften *vor* und *nochmals nach* dem Anschluss, Embargo, Handelssanktionen und letztlich Raub des Volkseigentums führten nach unseren Berechnungen zu einer Bundesschuld von über sieben Billionen DM – gerechnet bis zum Jahr 2000.[24]

Die Schulden des Westens (Milliarden DM)

	Verluste Ost	Gewinne West	Gesamt
Bis zum Anschluss 1949–1990			
Reparationsleistungen	1.300		1.300
Marshallplan		280	280
Abwanderung/Abwerbung	660	1.020	1.680
Innerdeutscher Handel	110		110

---

24 Die Auswirkungen stellen entweder »direkte verzinste Schulden« bei Reparationen, Marshallplan und Volksvermögen dar oder sind als Auswirkungen auf das BIP für den Gesamtzeitraum berechnet.

Nach Anschluss 1991–2000			
Raub des Volksvermögens	1.900		1.900
Zusätzliches Wirtschaftswachstum		1.850	1.850
Gesamtauswirkungen 1949–2000	3.970	3.150	7.120

Unsere Berechnungen weisen Lücken auf. Diese führen dazu, dass die Schulden zu niedrig ausgewiesen werden. Wir konnten nur die direkten Auswirkungen annähernd quantifizieren. Folgewirkungen, insbesondere auf die strukturelle Entwicklung der Wirtschaft der DDR durch die Auswirkungen des Wirtschaftsembargos, der Währungsmanipulationen und vieles andere konnten nicht erfasst werden. Unsere Untersuchung schließt aus Gründen der Datenerhebung mit dem Jahr 2000 ab. Seitdem sind weitere dreizehn Jahre vergangen, in denen die Schulden allein aus Gründen der Preisentwicklung und Verzinsung weiter angewachsen sind. Auch der Exodus der ostdeutschen Bevölkerung hält an. Uns geht es um die Dimension der Aussage, nicht um buchhalterische Schuldenrechnungen.

Eine Zahl von sieben Billionen DM (die real über zehn Billionen DM betragen dürfte) ist schwer vorstellbar. Um die Größenordnung zu verdeutlichen, stellen wir sie in den Rahmen der gesamtwirtschaftlichen Entwicklung beider deutscher Staaten. Zwischen 1946 und 1989 liegen 44 Jahre. Mindestens zwölf davon haben die Menschen in Ostdeutschland für den Westen Deutschlands gearbeitet. Sie haben dem Westen ein Leistungsvolumen »geschenkt«, das zwei bis drei Jahren Wirtschaftsleistung West entspricht. Um diese Schulden abzutragen, müsste der Westen in den Osten 150 Jahre lang die realen Transferleistungen, welche mit maximal 25 bis 30 Milliarden Euro pro Jahr zu beziffern sind, aufrechterhalten.

Diese volkswirtschaftlichen Gesamtaussagen sind um einen weiteren Aspekt zu ergänzen. »Hinzuzurechnen sind [...] auch die rund 60 Milliarden Mark an persönlichem Sparvermögen der Bürgerinnen und Bürger der DDR, die mit der Einführung der Währungsunion und dem Umtauschkurs von 2 Mark zu einer DM gestrichen wurden. Noch am 29. Januar 1990 hatte das Bundesfinanzministerium in einem internen Grundsatzpapier festgestellt, dass die Kaufkraftrelation zwischen der Mark der DDR und der DM 1 zu 1,07 betrug. Doch statt eines so überaus berechtigten Umtauschkurses von 1 zu 1 wurde für große Teile der Spareinlagen ein Betrugskurs von 2 zu 1 sanktioniert.«[25]

Deshalb wurde im Staatsvertrag über die Wirtschafts-, Währungs- und Sozialunion vom 18. Mai 1990 in Artikel 10 (6) vereinbart: »Nach einer Bestandsaufnahme des volkseigenen Vermögens [...] wird die DDR nach Möglichkeit vorsehen, dass den Sparern zu einem späteren Zeitpunkt für den bei der Umstellung 2:1 reduzierten Betrag ein verbrieftes Anteilsanrecht am volkseigenen Vermögen eingeräumt werden kann.«

Dieser Rechtsanspruch ist in den Einigungsvertrag Artikel 25 (6) wie folgt übernommen worden: »Nach Maßgabe des Artikels 10 Absatz 6 des Vertrages vom 18. Mai 1990 sind Möglichkeiten vorzusehen, dass den Sparern zu einem späteren Zeitpunkt für den bei der Umstellung

---

25 »Unfrieden in Deutschland«. Weissbuch. Enteignung der Ostdeutschen. Bd. 6, 1999, S. 83.

2:1 reduzierten Betrag ein verbrieftes Anteilsrecht am volkseigenen Vermögen eingeräumt werden kann.« Die politisch herrschende Klasse sieht das natürlich anders. Entschädigungen sind für sie tabu. Das Problem wird nicht mehr thematisiert.

Die westdeutschen Nutznießer des Einheitsprozesses sind eindeutig. »Kasse gemacht« im großen Stil haben die Besitzer von Handelsketten, Finanzinstitutionen und Aktiengesellschaften; Top-Manager, Juristen und Liquidatoren, insbesondere in der Treuhand, in Aufsichtsräten von ehemaligen DDR-Firmen, die überdurchschnittlich verdient haben; Politiker und höhere Beamte, die im Osten legal und illegal abkassiert haben, und andere Nutznießer der deutschen Einheit. Natürlich ist das nicht namentlich zu adressieren. Nachweisbar ist jedoch, dass in den »Wendejahren« in diesen noblen Kreisen eine sprunghafte Erhöhung des privaten Vermögens in ungeahnten Dimensionen erfolgt ist.

Aus der Darstellung ist ersichtlich, wie in den fünf Jahren 1989 bis 1993 das Vermögen westdeutscher Haushalte geradezu explosionsartig anstieg. Eine Entwicklung, die weder davor noch danach wieder eingetreten ist. Die Einheitsgewinnler hatten »Kasse gemacht«, sich die ostdeutschen Immobilien unter den Nagel gerissen, Boomgeschäfte in Ost und West getätigt, ihr Geldvermögen kräftig vermehrt. Danach ging es munter weiter, aber nicht im gleichen Tempo.

Das Vermögen konzentriert sich auf kleinste und feinste Oberschichten und steigt in diesen Kreisen ständig weiter an. Wer hat, dem wird gegeben. Veröffentlichungen über die Reichtumsentwicklung sind rar. Der aktuelle über 400 Seiten starke Armuts- und Reichtumsbericht drückt sich um klare Aussagen und Analysen.

Einzige Aussage: »Zur Verteilung der Privatvermögen in Deutschland liegen für den Berichtszeitraum Daten aus dem Jahre 2008 vor. Danach verfügen die Haushalte in der unteren Hälfte der Verteilung nur über gut ein Prozent des gesamten Nettovermögens, während die vermögensstärksten zehn Prozent der Haushalte über die Hälfte des gesamten Nettovermögens auf sich vereinigen. Der Vermögensanteil des obersten Dezils ist dabei im Zeitverlauf immer weiter angestiegen.«

Eine Studie der Hans-Böckler-Stiftung trifft dazu etwas deutlichere Aussagen[26]:

»Zwei Drittel der erwachsenen Bevölkerung haben netto kein oder nur ein geringes Geld- oder Sachvermögen. 27 Prozent aller Erwachsenen besitzen netto gar kein Vermögen, oder sie haben unter dem Strich sogar mehr Schulden als Eigentum. Diese Anteile haben sich trotz des wirtschaftlichen Aufschwungs in den letzten Jahren gegenüber 2002 kaum verändert.

Auch im Ost-West-Vergleich ging die Entwicklung der Nettovermögen deutlich auseinander. Während in Westdeutschland die Nettovermögen zwischen 2002 und 2007 von durchschnittlich knapp 91.000 Euro auf gut 101.000 stiegen, sank der Mittelwert im Osten von rund 34.000 auf weniger als 31.000 Euro.«

Immer wieder verkündet die Deutsche Bundesbank, wie das »Geldvermögen der Deutschen« unaufhaltsam steigt. Von den Medien wird das unter gleicher Überschrift periodisch »dem deutschen Volk« weitergegeben. Eine der (vorläufig) letzten Meldungen lautet: »Auch dank der Kursanstiege an den Börsen klettert das Geldvermögen der Deutschen auf immer neue Rekordhöhen.

---

26 Pressedienst der Hans-Böckler-Stiftung vom 21. Januar 2009: »Vermögen in Deutschland zunehmend ungleich verteilt«.

Im dritten Quartal 2013 wuchs das Vermögen der privaten Haushalte in Form von Bargeld, Aktien, Wertpapieren, Bankeinlagen oder Ansprüchen gegenüber Versicherungen zum Vorquartal um 48 Milliarden Euro oder ein Prozent auf den Höchstwert von rund 5.070 Milliarden Euro, wie die Bundesbank mitteilte.«[27]

Vorstellungen, die auch wir hatten, für den Osten Ausgleiche für »die Schulden des Westens« zu erstreiten, haben sich als Illusion erwiesen. Die politischen Kräfte dafür sind ein Vierteljahrhundert »danach« offenkundig nicht mehr zu mobilisieren. Damit ist die Ostproblematik eingebettet in die Gesamtproblematik des kapitalistischen Gesellschaftssystems. Es geht jedoch darum, den Menschen im Osten die grundgesetzlich garantierten gleichen Lebensbedingungen zu sichern. Wie weit sind wir dabei in einem Vierteljahrhundert gekommen?

Aus: *Die Schulden des Westens*. edition ost 2010. – Wesentliche Aussagen wurden übernommen in: *Der Osten hängt am Tropf. Wie die Regierung uns belügt. Fakten kontra Propaganda*. edition berolina 2012. Und in: *Die sozialistische Zukunft. Kein Ende der Geschichte! Eine Streitschrift*. edition berolina 2014.

---

27 In: *Die Welt*, 24. Januar 2014. Auf: https://www.welt.de/newsticker/dpa_nt/infoline_nt/sport_nt/nachrichtenueberblick_nt/article124199462/dpa-Nachrichtenueberblick-Wirtschaft.html.

WARUM IST DER IN EUROPA PRAKTIZIERTE SOZIALISMUS GESCHEITERT?

Wenn ich eine überwiegend positive Bilanz der wirtschaftlichen Entwicklung in der DDR ziehe, die DDR aber trotzdem – wie andere sozialistisch orientierte Länder auch – gescheitert ist, stellt sich natürlich die Frage nach dem Warum. Diese Frage muss beantwortet werden – und zwar grundsätzlich und tabulos. Dafür gibt es sowohl objektive als auch subjektive Gründe:

Über zwanzig Jahre haben offensichtlich *nicht* ausgereicht, um diese Frage tiefgründig zu beantworten und die tiefe Schockstarre zu überwinden, die die Niederlage des praktizierten Sozialismus in Europa ausgelöst hat. Schlimmer: In diesen zwanzig Jahren ist es noch nicht einmal gelungen, eine weitgehend anerkannte schlüssige Analyse über die Ursachen dieser Niederlage auszuarbeiten und der Öffentlichkeit zu vermitteln. »Kommunismus« ist zu einem Schimpfwort verkommen, dessen alleinige Nennung die Geister von rosarot bis tiefschwarz hektisch auf das Podium oder in die Medien treibt, um Abscheu und Verdammung zu verbreiten. »Sozialismus«, modern zusätzlich mit der Tautologie »demokratisch« garniert, ist ein weitgehend undefiniertes Gebilde einer fernen Zukunft.

Es muss geklärt sein, warum eine richtige und »gute« Idee, ein angeblich »wissenschaftlich« begründetes Konzept so kläglich Schiffbruch erlitten hat. Dabei betone ich »tabulos«. Es macht keinen Sinn, von vornherein bestimmte Denkrichtungen auszuschließen, weil sie unbequem oder schmerzlich sind. Die Wahrheit zu kennen, ist manchmal schmerzlich. Aber die Wahrheit zu kennen und sie zu verschweigen, ist töricht. Dabei ist das mit der Wahrheit in gesellschaftlichen Prozessen so eine Sache. Wie viele unumstößliche Wahrheiten wurden und werden verkündet? Wir können uns nur an die materialistische marxsche Auffassung halten: »Das objektive Kriterium der Wahrheit ist die Praxis als materielle Tätigkeit, in der die Ideen mit der objektiven Realität konfrontiert werden ... Hat diese Tätigkeit Erfolg, so beweist das die Richtigkeit derjenigen Erkenntnisse, die der Tätigkeit zugrunde gelegt wurden.«[28]

Die Praxis des Gesellschaftssystems mit dem Namen »Sozialismus« ist schiefgegangen. Wo liegen die Ursachen für diese »Schieflage«? Lassen wir die Verleumdungen und Diffamierungen beiseite, verbleibt doch eine große Anzahl von unterschiedlichen Erklärungsversuchen. Diese beschreiben, berechtigt oder unberechtigt, Erscheinungen für das Scheitern, ohne jedoch dabei die grundlegenden Ursachen aufzudecken. Überwiegend werden als wesentliche Einzelursachen genannt:

ÄUSSERE BEDINGUNGEN

➢ Der Sozialismus entstand zunächst in einem Land – der UdSSR
➢ Alle sozialistischen Länder waren keine führenden Industrieländer
➢ Die kapitalistische Umklammerung
➢ Die sozialistischen Länder mussten sich ständiger heißer oder kalter Kriege erwehren
➢ Das Wettrüsten
➢ Die sozialistischen Länder wurden ökonomisch erpresst

---

28 »Dialektischer und historischer Materialismus«. *Lehrbuch*. Dietz-Verlag 1979, S. 181.

> Die Entwicklung in allen Ländern wurde von der UdSSR geprägt
> Das ökonomische Zusammenwirken der sozialistischen Länder entsprach nicht den objektiven Notwendigkeiten

INNERE FEHLENTWICKLUNGEN

> Doktrinärer Führungsanspruch der Partei in allen Gesellschaftsbereichen
> Unzureichendes ökonomisches Entwicklungspotential
> Permanente Mangelwirtschaft
> Starres überzentralisiertes Wirtschaftssystem
> Ungenügende Förderung der Eigeninitiative der Werktätigen und Leiter
> Ungenügendes Eigentümerbewusstsein
> Unzureichende Entwicklung der sozialistischen Demokratie
> Wesentliche Einschränkungen der Bürgerrechte
> Personenkult, Verrat

Welche Rolle spielen diese Ursachenkomplexe? Treffen sie überhaupt das entscheidende Kettenglied? Mit dieser Komplexitätstheorie werden die weitgehend nicht zu leugnenden Einzelprobleme zu einem gordischen Knoten verknüpft, der offenkundig nicht lösbar ist. Ein Hauptkettenglied wird dabei nicht erkennbar.
Andere Auffassungen gehen durchaus von einem solchen Hauptkettenglied aus. Im Rahmen dieser Einzelkomplexe nimmt auf ökonomischem Gebiet offensichtlich das unzureichende ökonomische Zusammenwirken der sozialistischen Länder eine Schlüsselstellung ein. Es war nicht annähernd gelungen, einen einheitlichen

Wirtschaftsraum zu schaffen und das Gesamtpotential dieses Raumes koordiniert für die wirtschaftliche Entwicklung einzusetzen. Es gab keine einheitliche Währung (der »transferable Rubel« war eine Verrechnungsgröße), kein wirksames einheitliches Banksystem, kaum untereinander abgestimmte wissenschaftlich-technische Entwicklungen (wer konnte, entwickelte Mikroelektronik selbst), nur wenige gemeinsame Investitionsobjekte, keinen gemeinsamen »Markt«. Der RGW war im Wesentlichen eine Austauschbörse national gefertigter Produkte.

Einige meinen, dass die fehlenden Freiheiten, die Missachtung wirklicher Demokratie die Hauptursache darstellten.

»Alle diese Ursachen haben eine gemeinsame Wurzel. Damit könnte man sie, ohne zu vereinfachen, in einer einzigen zusammenfassen: das Fehlen von Demokratie.«[29]

»Der reale Sozialismus ist nicht gescheitert an den Prinzipien der Vergesellschaftung der Produktionsmittel und der gesamtgesellschaftlichen Planung, sondern vor allem an seinem entscheidenden Mangel, dem Fehlen von Demokratie.«[30]

Dieser Auffassung widerspreche ich zunächst nicht. Es ist in der Tat so, dass die Entmündigung des Menschen, das nicht nur materielle, sondern vor allem auch geistig-ideologische Diktat der Parteiführung die Menschen in die Isolation trieb. Die Schönfärberei, das Verschweigen der realen Probleme, der Widerspruch zwischen Schein und Sein, das Nichtzulassen wirklich kritischer Debatten stieß viele Menschen, insbesondere die In-

---

29   Panajotis Aleku: *Sozialismus – Vergangenheit und Zukunft einer Utopie.* Schkeuditzer Buchverlag 2007, S. 81.
30   Conrad Schuhler. In: isw-Report Nr. 79, S. 31.

tellektuellen, vor den Kopf. Die Forderungen der Wendezeit bestanden deshalb vorrangig im Ruf nach Mitbestimmung, Ernst genommen werden, »wir sind das Volk«. Im Inneren entwickelten sich die unzureichende Gewährung der Bürgerrechte – insbesondere die unzureichende Meinungs- und Reisefreiheit – sowie die Entfernung der politischen Führung vom Volk zunehmend zum Konfliktpotential.

Andere Auffassungen sehen getreu der marxschen und leninschen Definition, dass die ökonomische Basis – die Produktivkräfte – das Entscheidende, Bestimmende bei der Gestaltung jeder Gesellschaftsordnung sind, die Hauptursache für die Niederlage in den wirtschaftlichen Problemen, letztlich im Zurückbleiben der Arbeitsproduktivität gegenüber den führenden kapitalistischen Industrieländern. Sie beziehen sich dabei auf die bekannte und in der Tat die sozialistische Entwicklung bestimmende Aussage Lenins, dass die Arbeitsproduktivität das Wichtigste für den Sieg der neuen Gesellschaftsordnung sei. Das aber hat der praktizierte Sozialismus nicht zu erreichen vermocht.

Aus dieser Feststellung heraus sind grundsätzliche Überlegungen notwendig. Sie laufen auf die Frage hinaus, ob der gesellschaftspolitische Ansatz, dass die Arbeitsproduktivität letztlich über Sieg oder Niederlage des Sozialismus entscheidet, richtig ist. Das gesellschaftliche Konzept aller sozialistischen Staaten ging von dem Ziel aus, langfristig den Kommunismus zu errichten. Der Sozialismus war in diesem Verständnis ein Durchgangsstadium, eine Etappe auf dem Weg dahin.

Die Kernaussagen zur Kommunistischen Gesellschaft sind: Es herrscht allgemeines gesellschaftliches Eigentum an Produktionsmitteln. Durch die Entwicklung der Produktivkräfte wird ein solcher Überfluss an Produkten erzeugt, dass jeder nach seinen Bedürfnissen leben kann. Die Produkte werden aus einem gesamtgesellschaftlichen Konsumtionsfonds nach diesen Bedürfnissen unentgeltlich verteilt, es gibt keinen Kauf und Verkauf, folglich kein Geld. Jeder arbeitet unbezahlt nach seinen Fähigkeiten, Arbeit wird zum ersten Lebensbedürfnis. Dadurch wird die völlige soziale Gleichheit aller Gesellschaftsmitglieder erreicht. Klassen gibt es nicht mehr, der Staat stirbt ab. Alle Mitglieder beteiligen sich an der demokratischen Leitung der Gesellschaft.

Ich vermag nicht zu beurteilen, ob eine solche Zielstellung im 19. Jahrhundert realistisch war. Im 20. und erst recht im 21. Jahrhundert ist sie glatte Utopie. Die Orientierung der Gesellschaft auf eine Welt, in der das Individuum nach seinen Bedürfnissen leben kann, mochte in einer Welt, in der 1,5 Milliarden Menschen lebten (1850), für diese eine politisch mobilisierende Wirkung gehabt haben. In einer heutigen Welt mit 7 Milliarden Erdenbewohnern und in wenigen Jahrzehnten vielleicht 10 Milliarden ist sie eine Illusion. Wie viele Planeten wollen wir dafür benötigen? Unabhängig davon bleibt die Frage: Ist diese Orientierung überhaupt »kommunistisch«? Das Ideal der Menschheit kann doch nicht im grenzenlosen Konsum liegen – selbst wenn man darunter kulturelle Güter einschließt. Ein solches Ideal orientiert sich am kapitalistischen Konsumverhalten, will den Kapitalismus auf diesem Gebiet sogar übertreffen.

Folgerichtig wurde auch für die erste Stufe der kommunistischen Gesellschaft – den Sozialismus – im Rahmen der Hauptaufgabe die »immer bessere Befriedigung der materiellen und kulturellen Bedürfnisse auf der Grundlage der höchsten Steigerung der Arbeitsproduktivität« ins politische Zentrum gestellt.

Diese Orientierung wirft grundsätzliche Fragen auf. Es geht darum, ob der Vergleich der Arbeitsproduktivität zwischen einem sozialistischen und einem kapitalistischen Land überhaupt geeignet ist, ein Werturteil über die Gesellschaft abzugeben. Aus heutiger Sicht ist diese Frage eher zu verneinen. Arbeitsproduktivität stellt das Ergebnis des Wirtschaftens (Güter und Dienstleistungen) ins Verhältnis zum dafür eingesetzten Arbeitsaufwand. *Arbeitsproduktivität = Leistung/ Arbeitsaufwand.*

Folglich: Je mehr Güter und Leistungen erzeugt und/ oder je weniger Arbeit dafür verausgabt wird, desto höher ist die Produktivität. Beide Entwicklungsrichtungen sollten in der heutigen Zeit in entwickelten Industriestaaten nicht mehr das Hauptziel wirtschaftlicher Tätigkeit sein. Überfluss an Produkten bedeutet zunehmende Umweltzerstörung und Ressourcenverschwendung. Einsparung von Arbeit kann in einer Zeit, die national und erst recht international von ungenutzten Arbeitsvermögen überquillt, nicht mehr vorrangiges Ziel des Wirtschaftens sein. Ein Wettbewerb zwischen sozialistischen und kapitalistischen Staaten um höchste Produktivität ist durch Erstere nicht zu gewinnen. Das Kapital verfügt über Ausbeutungsmethoden von Natur, Mensch und Entwicklungsländern, die für den Sozialismus a priori nicht zu beschreiten sind. Sozialismus schließt ein, in der produktiven Sphäre wesentliche Leistungen der sozialen und kulturellen Betreuung, der Erholung und des Sportes, der Wohnungswirtschaft und des Feriendienstes durch-

zuführen, die das Kapital ausgliedert und den Marktmechanismen überlässt. Sozialismus bedeutet auch,
internationale Solidarität zu üben und Entwicklungsländern zu helfen und diese nicht auszubeuten. Sozialistische Wirtschaftsführung ist deshalb an anderen
Kriterien zu messen als kapitalistische Wirtschaftsführung. Die auch in linken Kreisen anzutreffende
hochnäsige Be- und Verurteilung der sozialistischen
Planwirtschaft als »unproduktive Mangelwirtschaft«
zeugt von einem bürgerlich-kleinkarierten Denken.

Meines Erachtens folgt aus diesen Betrachtungen: Das
gesellschaftspolitische Ziel Kommunismus im Sinne der
maximalen Befriedigung der Bedürfnisse ist zu den ge-
schichtlichen Akten zu legen, weil es unrealistisch und
falsch ist. Etwas anderes ist die Frage, ob sich Parteien
und politische Strömungen als »kommunistisch« in dem
Sinne bezeichnen, dass sie sich von anderen Bewegungen abgrenzen. *Die Kommunisten unterscheiden sich von
den übrigen proletarischen Parteien nur dadurch, dass sie
einerseits ... die gemeinsamen, von der Nationalität unabhängigen Interessen des gesamten Proletariats hervorheben
und zur Geltung bringen, andererseits dadurch, dass sie
stets das Interesse der Gesamtbewegung vertreten* – heißt
es im *Kommunistisches Manifest.*
Der künftige Weg der Menschheit kann nicht in den
Kommunismus führen, sondern »nur« in den Sozialismus, der natürlich bestimmte kommunistische Ideale
übernimmt. Thomas Mann: »Der Zukunft aber gehört
er (der Kommunismus) insofern an, als die Welt, die
nach uns kommt ..., schwerlich ohne kommunistische
Züge vorzustellen ist: das heißt, ohne die Grundidee des
gemeinsamen Besitz- und Genussrechtes an den Gütern

der Erde, ohne fortschreitende Einebnung der Klassen-
unterschiede, ohne das Recht auf Arbeit und die Pflicht
zur Arbeit für alle.«[31]

Warum ist der reale Sozialismus gescheitert?
Erstens: Dem Realsozialismus lag eine unrealistische gesellschaftliche Zielstellung zugrunde: den Kapitalismus
auf seinem ureigenen Gebiet überholen zu wollen, bei
Konsumtion, Produktivität und Effektivität. *Zweitens:*
Die Ausgestaltung des praktizierten Sozialismus in Europa erfolgte durch eine dogmatische Auslegung des
Marxismus-Leninismus, die es unterband, rechtzeitig
und schöpferisch auf neue gesellschaftliche Herausforderungen zu reagieren. *Drittens:* Die Führung hatte sich
immer mehr vom Volk entfernt, war nicht bereit und
in der Lage, das Volk wahrheitsgemäß zu informieren
und in die Lösung der Probleme schöpferisch einzubeziehen. *Viertens:* Die Folge war eine Unterschätzung und
Unterentwicklung der sozialistischen Demokratie und
der persönlichen Freiheiten, geopfert der führenden
Rolle der Partei (-führung und -bürokratie). *Letztlich*
mündeten alle Mängel in einer falschen Einschätzung
der menschlichen Natur. Der Mensch wurde als Gattung
»Gutmensch« behandelt, was er sowohl an der Spitze
der Gesellschaft als auch in der Breite der Gesellschaft
umfassend nicht war.

Aus: *Die sozialistische Zukunft. Kein Ende der Geschichte!*
Eine Streitschrift. edition berolina 2014.

---

31   Zitiert nach: Hans Dieter Schütt »... auch die Herren sollen arbeiten«. In:
Neues Deutschland, 7. April 2011.

WELCHE ROLLE SPIELTE DER SUBJEKTIVE FAKTOR BEIM UNTERGANG DER DDR?

Der Zusammenbruch des Sozialismus und die würdelose und bedingungslose Angliederung der DDR an die BRD hatte nicht nur objektive, sondern in nicht unerheblichem Maße auch subjektive Ursachen. Diese aufzudecken, war notwendig, um die Frage zu beantworten, warum ein fortschrittliches Staatswesen so kläglich scheitern konnte – und was daraus für heutige Auseinandersetzungen mit dem internationalen Kapital zu lernen ist:

Es ist falsch, den Ausverkauf der DDR an einem Ereignis, einer Institution oder Person festzumachen. Das Drama lief in sieben Akten ab, hatte Prolog und Epilog.

DIE VERKAUFTE DDR – EIN DRAMA IN SIEBEN AKTEN MIT EINEM PROLOG UND EINEM EPILOG

Prolog: Nazistische Annexionsgelüste – Hauptdarsteller: Alt-Nazis, Konrad Adenauer

1. Akt: Lebensfremde Vision – Hauptdarsteller: Walter Ulbricht
2. Akt: Gefährliche Annäherung – Hauptdarsteller: Honecker, Mittag, Schalck
3. Akt: Die falsche Fährte – Hauptdarsteller: Schürer, Schalck
4. Akt: Fatale Illusionen – Hauptdarsteller: Modrow, Luft, Wolfram Krause
5. Akt: Die ökonomische Atombombe – Hauptdarsteller: Kohl, Waigel, Köhler
6. Akt: Die Hilflosen – Hauptdarsteller: de Maizière, Günther Krause

7. Akt: Einmarsch der Verbrecher – Hauptdarsteller: Waigel, Breuel

Epilog: Die Folgen des Wahnsinns – Hauptdarsteller: Die Bundesregierung

Prolog: Nazistische Annexionsgelüste. Das Drama beginnt bereits unmittelbar nach der Entstehung beider deutscher Staaten im Ergebnis des Zweiten Weltkrieges. Auf Anweisung Konrad Adenauers wird der Forschungsbeirat für gesamtdeutsche Fragen ins Leben gerufen. Er arbeitet detaillierte Dokumente und Instrumentarien für den Fall X, die Übernahme der DDR, aus. Der Forschungsbeirat wird geleitet und ist besetzt mit »namhaften« Nazigrößen mit Erfahrung bei der ökonomischen Annexion besetzter Gebiete. Man beeilt sich mit der Arbeit und legt bald Einzeldokumente zur Währungsreform, Beseitigung der Bodenreform, Privatisierung der Wirtschaft, Abbau der Sozialstandards und anderes vor. Der Aufbau der Bundesrepublik wird durch Marshallplan und Millionen Zuwanderer aus Ostgebieten forciert. Die DDR zahlt die gesamtdeutschen Reparationen. Diese bestehen vor allem auch in einer Strukturierung der Wirtschaft der DDR, die mehr den Interessen der UdSSR entspricht. Durch Überakkumulation verliert die DDR in der Zeit der offenen Grenzen mehrere Millionen Arbeitskräfte.

1. Akt: Lebensfremde Vision. Trotzdem wird von Walter Ulbricht Anfang der sechziger Jahre das Ziel ausgegeben, die Bundesrepublik innerhalb von 20 Jahren auf dem Gebiet von Produktivität und Konsum nicht nur einzuholen, sondern zu überbieten. Diese lebensfremde Illusion zieht sich als Leitmotiv durch alle Akte des Dramas. Experimente mit dem Neuen Ökonomischen System sollen die Erreichung dieses Zieles unterstützen.

2. Akt: Gefährliche Annäherung. Mit der Machtübernahme durch Erich Honecker wird die wirtschaftspolitische Zielstellung in die Formel der »Einheit von Wirtschafts- und Sozialpolitik« gegossen. Nach wie vor wird die Illusion aufrechterhalten, westdeutsches Produktivitätsniveau zumindest erreichen zu können. Die Realität entfernt sich immer mehr von diesen Illusionen. Führungskräfte um Günter Mittag, Alexander Schalck, Gerhard Beil erkennen zunehmend, dass im Verbund des RGW diese Ziele Illusion bleiben. Sie beginnen eine Politik der vorsichtigen politischen und wirtschaftlichen Annäherung an die BRD. Vage, nie zu Ende gedachte Vorstellungen von einer deutsch-deutschen Konföderation entstehen. Dieser Weg wird geduldet und gedeckt vom Generalsekretär Erich Honecker, dem persönliche Ambitionen zu einer Annäherung an die BRD angemessen erscheinen. »Betonköpfe« in der Führung der DDR stellen sich diesem Kurs mehr oder weniger entschieden entgegen, beharren auf der politischen und ökonomischen Bindung an die UdSSR. Politische Grundsatzdebatten über den »richtigen« oder »gangbaren « Weg werden nicht geführt.

3. Akt: Die falsche Fährte. Es bilden sich politisch und ökonomisch eigene Machtstrukturen heraus. Besondere Bedeutung dabei hat Wirtschaftssekretär Günter Mittag, der sich unter Ulbricht und Honecker für die Wirtschaft als »unersetzlich« etabliert hat. Unter seiner direkten Unterstellung erlangt der Bereich Kommerzielle Koordinierung und deren Leiter Alexander Schalck-Golodkowski besonderes Gewicht. Ökonomisch drängt dieser im Außenhandel mit kapitalistischen Ländern den Staatlichen Sektor unter Verantwortung von Gerhard Schürer immer weiter zurück, betreibt eigene Milliardengeschäfte auch zulasten des Staates DDR und hortet Devisen für den Tag X. Wahrheitsgemäße Informationen zur Devisenlage werden von ihm mit Duldung Mittags unterschlagen. Politisch wird Schalck als Vertrauter des Generalsekretärs für die Öffnung gen Westen immer bedeutungsvoller. Als sich die politische Situation 1989 zuspitzt und eine »neue« Führung in der DDR etabliert wird, leisten Alexander Schalck und Gerhard Schürer den »Offenbarungseid«. Die DDR wird wahrheitswidrig für zahlungsunfähig erklärt. Schalcks Devisenbestände in Höhe von vielen Milliarden werden verschwiegen.

4. Akt: Fatale Illusionen. Mit diesem Rucksack belastet ist die Regierung Modrow gegenüber der übermächtigen BRD praktisch handlungsunfähig. Die Treuhand wird mit der Erklärung gegründet, Volkseigentum zu erhalten. Der Versuch Modrows, auf dieser Grundlage eine »sozialistische Marktwirtschaft« zu installieren und die DDR zu erhalten, ist zum Scheitern verurteilt. Von seiner Wirtschaftsministerin Christa Luft werden marktwirtschaftliche Schritte eingeleitet, die über dieses Ziel hinausgehen. Eine Marktwirtschaft pur auf Grundlage des Privateigentums mit der Illusion einer sozialen Abfederung wird anvisiert. Entsprechende Gesetze zur Privatisierung der Volkseigenen Wirtschaft werden verabschiedet.

5. und 6. Akt: Die ökonomische Atombombe und die Hilflosen. Das westdeutsche Kapital übernimmt in einer politisch immer labiler werdenden Situation zunehmend die Federführung bei der Umgestaltung der DDR-Wirtschaft. Unter persönlicher Entscheidung von Kohl wird am 1. Juli 1990 die Währungsunion durchgeführt. Damit wird die eigenständige DDR-Wirtschaft liquidiert. Die im Ergebnis von leeren Versprechungen und Illusionen durch »freie« Wahlen gebildete Volkskammer wird zum Vollzugsorgan westdeutscher Interessen. Der Regierung de Maizière und seinem Staatssekretär Günther Krause bleibt die Aufgabe, eine würdelose Angliederung an die BRD zu bewerkstelligen.

7. Akt: Einmarsch der Verbrecher. Zur Abwicklung wird im letzten Akt dieses Dramas auf Geheiß von Kohl und Waigel die »Treuhand«-Anstalt zu einem Organ der bedingungslosen Privatisierung umfunktioniert. Birgit Breuel führt diese Aufgabe ohne Rücksicht auf Verluste zur Zufriedenheit ihrer Auftraggeber und zulasten von Millionen Menschen der DDR durch. Das von den Bürgern der DDR in jahrzehntelanger entbehrungsreicher Arbeit geschaffene Volksvermögen wandert in die Privattaschen der bundesdeutschen Kapitaleliten. Damit ist die sozialistische DDR in den Schlund der kapitalistischen BRD aufgesogen.

Epilog: Die Folgen des Wahnsinns. Alle realitätsfremden Illusionen über Kooperation oder Konföderation sind geplatzt. Die heutigen »neuen Bundesländer« hängen am Tropf der alten. Das wirtschaftliche und soziale Niveau hinkt weit hinter dem der alten Bundesländer zurück. Politisch sind die Menschen dem kapitalistischen System ausgeliefert.

Aus: *Wer verkaufte die DDR? Wie leitende Genossen den Boden für die Wende bereiteten*. edition berolina 2016.

Welche Lehren sind für den heutigen Kampf gegen das Kapital zu ziehen?

Das entscheidende Anliegen ist für mich nicht, abgelaufene Prozesse zu beschreiben und die Rolle handelnder Personen nachträglich besserwisserisch zu be- oder sogar zu verurteilen. Die Aufarbeitung von Vergangenheit ist notwendig und sinnvoll, wenn daraus Schlussfolgerungen für die Gegenwart und Zukunft gezogen werden, um alte Fehler nicht zu wiederholen. Das ist mein Hauptanliegen.
Mit diesem Ziel habe ich mich unter dem Eindruck der »Griechischen Krise« – die ja keine griechische Krise, sondern die des Gesamtsystems ist – mit der oben genannten Frage auseinandergesetzt:

Die Gegenwart ist geprägt von einem sich weltweit weitgehend ungebremst ausbreitenden kapitalistischen System. Die Auswirkungen sind verheerend: Kriege, Terrorismus, Flüchtlinge, Umweltzerstörung, Armut, Hunger. Es liegt auf der Hand, dass grundlegende gesellschaftliche Veränderungen zwingend notwendig sind. Die grundsätzlichen Überlegungen dazu wurden von mir in *Die sozialistische Zukunft* publiziert. Es ist jedoch zweckmäßig, aus der Analyse des Ausverkaufs der DDR einige spezielle Schlussfolgerungen abzuleiten beziehungsweise zu unterstreichen.

Eine sozialistische Alternative braucht neue Ziele

Eine sozialistische Alternative kann nicht im Versuch bestehen, den Kapitalismus mit sozialistischen Methoden zu überbieten. Der Krebsschaden des Ausverkaufs der DDR an die BRD lag in der politischen Grundorientierung, die BRD auf dem Gebiet der Konsumtion und der Produktivität nicht nur einzuholen, sondern zu überholen. Mit dieser Grundorientierung sollte – auch in der DDR – eine Konsumgesellschaft sozialistischer Prägung gestaltet werden.

Mit dieser Gesellschaftsphilosophie war die DDR ständig in einer Position des »Hinterherlaufens« gegenüber der auf diesem Gebiet führenden BRD. Dieser Wettlauf konnte nicht gewonnen werden, er war vom Ansatz unrealistisch und damit falsch. Er zog sich jedoch von Ulbricht über Honecker bis zum Ende der DDR als Gesellschaftsdoktrin durch. Die politische Führung der DDR hatte keinen Mut, gegenüber dem Volk zu erklären, oder auch nicht erkannt, dass sie sich damit auf dem Holzweg befindet.

Eine dringend notwendige sozialistische Alternative für Gegenwart und Zukunft muss diese eingeschränkte Herangehensweise überwinden und die eigenständigen Merkmale einer sozialistischen Gesellschaft ins Zentrum stellen: Frieden, Solidarität, Gerechtigkeit, Gleichheit, Arbeit. Die Abrichtung des Menschen zum »Konsumtrottel« muss überwunden und der denkende Mensch in die Gestaltung der Gesellschaft aktiv einbezogen werden.

Mit dieser Auffassung bin ich weder theoretisch noch praktisch alleinstehend. Der verstorbene DDR-Ökonom Harry Nick kam zu der Aussage: »In den sozialistischen Planwirtschaften war kein Kraut gegen die Kraft und Macht wirtschaftlicher Antriebe gewachsen, wie sie die kapitalistischen Marktwirtschaften hervorbringen. Ob das überhaupt möglich ist, bezweifle ich heute. [Ich auch.

K. B.] Entscheidend wird künftig nicht das Tempo des Wirtschaftswachstums und der technologischen Entwicklung sein, sondern eher im Gegenteil eine gesamtwirtschaftliche und in globalen Maßstäben kontrollierte, gelenkte Entwicklung. WIE WOLLEN WIR LEBEN? Es ist die Frage aller Fragen, auch die aller sozialistischer Wertvorstellungen, Bewegung und Ziele. (...) Sie permanent vernachlässigt zu haben, gehört zu den Erbsünden der Linken. (...) Der einzige und zugleich naheliegende, ja selbstverständliche Weg wurde nicht beschritten. (...) Die zentrale Frage jedenfalls, die in der Wendezeit dem Volke nicht nur zur Diskussion, sondern auch zur Entscheidung hätte vorgeschlagen werden müssen, hätte nur lauten können: Wie wollen wir leben? Was müssen wir tun, verändern, wenn wir dieses Gemeinwesen erhalten wollen? Was wollen und müssen wir aufgeben für die Segnungen der Marktwirtschaft, die ›harte D-Mark‹?

Nicht die Gesellschaften mit der größeren Kinderfreundlichkeit und mehr sozialer Gerechtigkeit haben gesiegt auf dem Felde des Wirtschaftswachstums und der technologischen Entwicklung, sondern die Gesellschaften, die Gier und Angst als Antriebe verwenden. Die marxistisch orientierte Linke muss ihr Verständnis von Produktivkraftentwicklung und gesellschaftlichem Fortschritt überprüfen. Es gilt, Wege, Kriterien zu finden, die Produktivkraftfortschritt als Erleichterung, Verbesserung menschlichen Lebens ansehen, anstreben. An der Steigerung des BIP gemessenes Wirtschaftswachstum, an üblichen Kriterien gemessene technologische Fortschritte jedenfalls entfernen sich immer mehr vom wirklichen Maß des Produktivitätsfortschrittes. Am Anfang aller Überlegungen über eine lebenswürdige und lebensfähige sozialistische Gesellschaft muss die Frage stehen: Wie wollen und wie können wir leben? Mit dem in den kapitalistischen Marktwirtschaften durch Profitgeilheit und aggressive Reklame induzierten, exzessiven Konsumismus ist jeder Sozialismus undenkbar, nicht machbar.«[32]

Auch Margot Honecker erklärte in einem aktuellen Interview dazu: »Offensichtlich haben wir es nicht verstanden, den tatsächlichen gesellschaftlichen Fortschritt gegenüber der auf Ausbeutung, Unterdrückung und Krieg beruhenden kapitalistischen Gesellschaft den Menschen überzeugend bewusst zu machen. So meinten viele, die glitzernde Warenwelt des Kapitalismus und die soziale Sicherheit des Sozialismus miteinander verbinden zu können.«[33]

Wenn sich Linke endlich zu dieser alternativen Auffassung mit allen daraus notwendigen Konsequenzen durchringen können, müssen sie auch ihre Wertungen und Schlussfolgerungen darauf ausrichten. Es macht wenig Sinn, einen derartig menschlichen Sozialismus nach kapitalistischen Werturteilen von Mangelwirtschaft, Produktivitäts- und Effektivitätsrückständen zu beurteilen.

Es ist erfreulich, dass es Länder in der Welt gibt, die dieses erkannt haben. Rafael Correa – Präsident Ecuadors – schätzt berechtigt ein: »Der vielleicht größte Fehler des traditionellen Sozialismus war es, das kapitalistische Entwicklungskonzept nicht in Frage zu stellen – man wollte dasselbe nur schneller und gerechter. – Unser Konzept ist das gute Leben, das Leben in Einklang mit der Natur, in Würde, mit Gleichheit.«

---

32 Harry Nick: *Ökonomiedebatten in der DDR*. GNN Schkeuditz 2011, S. 95 ff.
33 Interview mit Margot Honecker: »Die Vergangenheit wurde zurückgeholt«. In: *Junge Welt*, 11. November 2015.

Der Botschafter der Republik Ecuador in Deutschland sagte mir in einem Gespräch:

Blessing: Möchten Sie noch etwas besonders hervorheben?

Botschafter: Ja, das »Buen Vivir«, unser Konzept des guten Lebens. Es ist ein weiterer Unterschied des anderen Weges.

Blessing: Das ist meines Erachtens der entscheidende Unterschied.

Botschafter: Ja, das stimmt. Es gibt nicht nur physische Grenzen des Wachstums. Nicht jeder sollte seinen eigenen Wagen besitzen oder gar mehrere. Maximaler Konsum kann nicht das Lebensziel sein. Wir haben uns auf unsere Wurzeln zurückbesonnen. Unsere indigene Gesellschaft hat seit Jahrtausenden eigene Kulturen, die älter als Inkakulturen sind. Diese haben immer einen Weg gesucht, im Gleichgewicht mit der Umwelt zu leben. Das ist das Hauptmerkmal des »guten Lebens«. Ecuador ist ein gesegnetes Land mit vielen Ressourcen. Darauf könnte sich ein gutes Leben aufbauen, wenn wir nicht auch in das Konsummodell gedrängt werden.

Wichtigster Schritt: Finanzkapital entmachten

Die Zerschlagung der DDR-Wirtschaft durch eine »gemeinsame« Währung unterstreicht die tödliche Wirkung einer Einheitswährung bei grundsätzlich unterschiedlichem Wirtschaftsniveau. Damals wie heute wird diese ökonomische Waffe vom internationalen Kapital zielgerichtet eingesetzt, um national unterentwickelte Volkswirtschaften zu zerschlagen. Es bleibt die Notwendigkeit, in sozialistisch orientierten Volkswirtschaften eine gemeinsame sozialistische Währung zu etablieren, die der Kapitalspekulation entzogen wird.

Es ist angebracht, hieraus hochaktuelle Gedanken aus der »Griechenlandkrise« abzuleiten. Die »Griechenlandkrise« ist keine Krise Griechenlands. Es ist die Krise des Systems und der Versuch des Kapitals und der von ihm abhängigen Politik zu testen, wie weit die Ausbeutung ganzer Staaten getrieben werden kann. Es ist deshalb alarmierend, dass die Diskussion über die »griechischen Verhältnisse« sich an Erscheinungen und Personen festmacht, ohne in das Wesen der Probleme einzudringen.

Die dem griechischen Volk durch die EU-Instanzen auferlegten Lasten und im Gegenzug zugestandenen neuen Kredite lösen keines der Probleme, sondern verschärfen diese für die nächste Zeit: Die Schuldenlast steigt weiter, die Wirtschaftsleistung sinkt, die Belastungen des Volkes werden immer unerträglicher. Ausreichung neuer Kredite mit Verzinsung zur Tilgung alter Kredite bei gleichzeitig extremen Sparauflagen sind ein perverses Paradoxon. Dem darf nicht gefolgt werden.

Jede linke Regierung, die legitim an die Macht kommt, sollte, lernend aus der griechischen Erfahrung, als ersten Schritt für das Land Kapitalverkehrskontrollen beschließen. Der Abfluss des Reichtums in das Ausland und die Abhebung großer Geldbeträge für dunkle Geschäfte sind dadurch zu unterbinden. In nachfolgenden Schritten sollten die übergroßen Reichtümer abgeschöpft und für die Allgemeinheit nutzbar gemacht werden.

Gleichzeitig sind die aufgelaufenen Staats-»Schulden« zu analysieren. Schulden, die durch Erpressung, Korruption, auf Druck ausländischer Mächte und anderer unlauter Methoden entstanden sind, sind als nicht tilgbar zu deklarieren und auszusondern. Erfahrungen lateinamerikanischer ALBA-Staaten könnten dafür genutzt werden.

Die zeitweilige Einführung einer eigenen, nicht konvertierbaren Binnenwährung zur Sicherung der Versorgung der Bevölkerung und der Stabilität der Preise unter staatlicher Kontrolle wäre durchaus eine Option, mit der ein Land zeitweise leben und eine stabile wirtschaftliche und soziale Entwicklung einleiten kann.

Kein Land kann sich vom Weltmarkt abschotten. Notwendiges Know-how und ausländische Investitionen sind unverzichtbar. Es ist jedoch zu unterbinden, dass dafür ausländisches Kapital in das Land fließt. Aus den Erfahrungen der DDR ist zu nutzen, Objekte und Leistungen als »Kompensationsgeschäfte« durchzuführen. Das heißt: Der ausländische Partner errichtet das Objekt, erlangt aber daran keinerlei Eigentumstitel. Die verausgabten Mittel werden aus den Objekten »refinanziert«.

MIT DEM KAPITAL KANN MAN NICHT VERHANDELN – MAN MUSS ES ERPRESSEN

Die Gesamtentwicklung des Untergangs der DDR zeigt die Rolle des subjektiven Faktors. Vertreter des Kapitals mögen – wenn es dem Zweck dient – durchaus gepflegte Umgangsformen haben und als eloquente Personen auftreten. In Einzelfällen mögen sie auch durchaus redliche Absichten verfolgen. Ihnen aber deswegen auf den Leim zu gehen, sich geschmeichelt fühlen, mit derartigen »Persönlichkeiten« aus Politik und Wirtschaft auf Augenhöhe verhandeln zu können, wie das offenkundig bei mehreren Führungspersonen der DDR der Fall war, ist für die Sache tödlich.

Vertreter des Kapitals sind Kapital-Vertreter und haben ein Ziel: dieses Kapital zu mehren. Die Umgangsformen, um dieses Ziel zu erreichen, werden der Lage und dem Kräfteverhältnis angepasst. Im Falle der DDR wahrte man (weitgehend) annehmbare Umgangsformen, man war sich ja seiner Sache noch nicht ganz sicher und musste Leitungskader der DDR mit »Zuckerbrot« für sich und die eigene Sache gewinnen. Brutale Erpressung und Demütigung dabei nicht ausgeschlossen.

Die Versuche und Illusionen führender Persönlichkeiten der DDR, mit dem kapitalistischen »Partner« gleichbe-rechtigte Verhandlungen und Vereinbarungen »zum ge-genseitigen Vorteil« zu führen, haben sich als Bumerang erwiesen. Mit dem Kapital kann man nicht zum gegensei-tigen Vorteil »verhandeln«, man muss es erpressen, um zu nützlichen Ergebnissen zu kommen. Die DDR hatte gegenüber der BRD kein Erpressungspotential mehr, sie war durch die politische Entwicklung, Falschinforma-tionen aus den eigenen Reihen und Illusionen einiger Führungskräfte der Erpressung des politischen Gegners mehr oder weniger hilflos ausgeliefert.

Diese Erkenntnis durch bestimmte Personen(-gruppen) der DDR ignoriert zu haben, führte dazu, dass gesell-schaftliche Entwicklungen außer Kontrolle gerieten und die DDR letztlich in der BRD landete. Eine gesellschaft-liche Kontrolle und Rechenschaft der Führungspersön-lichkeiten für ihre Handlungen erscheint zwingend not-wendig. Gerade diese Erkenntnis ist für die Gegenwart offenkundig von gravierender Bedeutung.

Die demokratisch legitimierte griechische Regierung erlag offensichtlich auch der Illusion, mit dem Kapital verhandeln zu können. Ihr, dem griechischen Volk und der Welt wurde drastisch vorgeführt, dass es dafür nicht den geringsten Spielraum gab. »Die Institutionen«, Merkel, Schäuble und Co., diktierten im Auftrag des internationalen Kapitals Inhalt und Spielregeln.

Die Entwicklung in der DDR – und heute aller vom internationalen Kapital abhängigen Staaten – zeigt: Je höher der Verflechtungsgrad der nationalen Volkswirtschaft mit kapitalistischen Märkten, desto höher die Abhängigkeit von diesen. Daraus folgt *nicht*, nationale Wirtschaften autark zu machen. Daraus folgt aber, möglichst einheitliche sozialistische Märkte zu schaffen. Woraus wieder folgt, dass sozialistische Alternativen nicht in einem Land, sondern nur in größeren Ländergruppen möglich sein werden. Daraus folgt insbesondere, die mit kapitalistischen Ländern unumgänglichen wirtschaftlichen Verflechtungen nicht auf der Basis von Kapitalimporten, sondern des Warenaustausches durchzuführen.

VOLKSVERMÖGEN ERHALTEN

Die Abwicklung der DDR und die schnelle und gierige Überführung des Volksvermögens in die Privathände bundesdeutscher Kapitalisten unterstreicht die zentrale Stellung des Eigentums bei der Gestaltung der Gesellschaftsordnungen: Privateigentum ist Kapitalismus – gesellschaftliches Eigentum Sozialismus. Es war ein tödlicher Fehler, besonders in der Übergangszeit 1989/90, diese elementare Erkenntnis zu negieren und durch Privatisierung des Volksvermögens dem bundesdeutschen Kapital Tür und Tor zu öffnen. Neue sozialistisch orientierte Gesellschaften benötigen zwingend einen dominierenden Anteil gesellschaftlichen Eigentums in unterschiedlichen Formen. Das Wüten der Treuhandanstalt bei der Überführung von Volkseigentum in Privatbesitz ist negativ beispielgebend auch für die gegenwärtigen Vorgänge in Griechenland. Es dient allein dem Ziel, die Reste staatlichen Besitzes in die Hände des Privatkapitals zu überführen.

Im Jahr 2011 bat mich die griechische Zeitschrift *Cosmos* um ein Interview über die Tätigkeit der Treuhand und stellte unter anderem folgende Fragen:

Herr Blessing, wir haben vor allem deshalb über das Wirken der Treuhand gesprochen, weil die DDR damals unter der Schuldenlast zusammengebrochen ist und Griechenland heute vor ähnlichen Problemen steht. Sehen Sie Parallelen?

Ja und nein. Zunächst einmal, es stimmt nicht, dass die DDR an der Schuldenlast zusammengebrochen ist, auch diese Aussage gehört in das Reich der gezielten Legenden. Nach offiziellen Abschlussdokumenten hatte die DDR gegenüber den kapitalistischen Ländern 1989 eine Verschuldung von 20 Milliarden DM – nachgewiesen von der Deutschen Bundesbank. Dem standen Guthaben in den RGW-Ländern in annähernd gleicher Größenordnung gegenüber. Die DDR hatte also summa summarum überhaupt keine Auslandsschulden. Die Staatsverschuldung betrug – hochgerechnet, es gibt da unterschiedliche Aussagen – maximal 5.000 Euro je Kopf der Bevölkerung. Die größer gewordene Bundesrepublik hat heute eine Schuldenlast von annähernd 25.000 Euro je Kopf der Bevölkerung, die Ihres Landes kennen Sie besser als ich. Die Parallele zwischen der DDR und Griechenland besteht darin, dass in beiden Fällen ausländische Mächte und das internationale Kapital nach den Errungenschaften des Volkes greifen. Im Falle DDR ist das leider gelungen, weil große Teile der DDR-Bevölkerung mit den *politischen* Verhältnissen unzufrieden waren – mangelnde persönliche Freiheiten, ungenügende Einbeziehung des Volkes in politische Entscheidungen. Im Falle Ihres Landes nutzt das internationale Kapital – soweit ich das beurteilen kann – Ihre Schuldenprobleme, um Zugriff zu staatlicher Souveränität und letztlich Eigentum zu erlangen. Ich muss aus den bitteren Erfahrungen der Überführung der DDR-Wirtschaft in die Privatwirtschaft – nicht nur, aber doch in starkem Maße durch das Wirken der Treuhandanstalt – davor warnen, die staatliche Souveränität und staatliches Eigentum dem Diktat der EU, des IWF und der Weltbank zu opfern. Die Werktätigen der DDR haben leider nicht die Kraft aufgebracht, um ihr Eigentum und ihre sozialen Errungenschaften zu kämpfen. Sicher auch deshalb, weil sie sich ungenügend mit »ihrem« Eigentum verbunden fühlten. Ich wünsche dem griechischen Volk, dass es die Kraft zur Verteidigung des staatlichen Eigentums und der sozialen Errungenschaften – auch im Interesse und als Beispiel für ganz Europa – aufbringen möge.

Abschließend: Sie sind also nicht der Meinung, dass man aus dem Wirken der Treuhand Schlussfolgerungen für die Bewältigung der griechischen Krise ziehen kann?

Doch, die kann man ziehen: Es ist das Beispiel, wie man es *nicht* machen kann und soll. Die »griechische Krise«, die ja keine griechische Krise ist, sondern die des gesamten vom Kapital dominierten Systems, kann nur bewältigt werden, wenn die Schulden dadurch abgebaut werden, dass das Geld dort abgezogen wird, wo es im nutzlosen Überfluss vorhanden ist. Vor wenigen Tagen wurde mit dem »Global Wealth Report 2011« von Boston Consulting veröffentlicht, dass in der Welt in Depots und auf Konten 122 Billionen Dollar lagern, mehr als in den Jahren vor der Weltwirtschaftskrise. Das sagt alles über Ursachen und Auswege aus der Krisensituation.

Gesellschaftliche Veränderungen erfordern revolutionäre Umbrüche

Die negativen Erfahrungen aus der Endphase der DDR zeigen, dass ein neues Gesellschaftssystem grundlegende Wandlungen in den Macht- und Eigentumsverhältnissen erfordert.

Der politische Gegner hat das – ohne den Marxismus-Leninismus studiert zu haben – verinnerlicht und brutal umgesetzt. Er wusste, wohin die Reise gehen soll. Die sozialistisch orientierte DDR sollte bedingungslos in den Machtbereich der kapitalistischen Bundesrepublik zurückgeholt werden. Die politischen, ökonomischen und juristischen Strukturen wurden von dieser übernommen. Macht- und Eigentumsverhältnisse waren auf diese zu übertragen.

Heutige Linke träumen davon, erst einmal auf den Zug aufzusteigen, um dann zu sehen, wohin er fährt. Konkrete Vorstellungen, welches Ziel sie erreichen wollen, haben sie nicht. Es soll ein »demokratischer«, »ökologischer«, »feministischer«, »lustvoller« »Sozialismus 2.0« sein. Wie dieser konkret aussehen soll, bleibt offen. Das trifft auch auf die europäische Linke zu. Das Scheitern der griechischen Syriza ist vorrangig darauf zurückzuführen, dass auch sie nicht wussten, wo die Reise eigentlich hingehen sollte. Das Mitschwimmen im bestehenden System mit dem Ziel, diesem Zugeständnisse im Interesse der Mehrheit der Menschen abringen zu können, erwies sich als Illusion. Sie wird immer eine bleiben.

Der Einverleibung der DDR in den Herrschaftsbereich der Bundesrepublik lagen klare, seit Jahrzehnten vorbereitete Handlungsschritte zugrunde. Das Werkzeug zur Rückführung einer sozialistischen in eine kapitalistische Gesellschaftsordnung lag bereit.

Die heutige Linke hat – da sie über kein klares Ziel verfügt – logischerweise auch keine Instrumente zur Verfügung. Das zentrale Problem des Scheiterns der griechischen Bewegung war, dass keine Instrumente vorlagen, um der Allmacht des Finanzkapitals zu begegnen. Man »verhandelte« mit diesem, Ergebnis bekannt. Es ist nicht zu verschweigen, dass in linken (deutschen) Kreisen durchaus theoretische Vorstellungen bestehen, wie man die Macht des Finanzkapitals eingrenzen könnte. Sie sind aber weder ausgereift noch ausdiskutiert und erst recht nicht den Menschen nahegebracht.

Man braucht kein Hellseher zu sein, um vorauszusagen, dass die nächste Finanzkrise in nicht ferner Zeit erneut zuschlagen und auch Deutschland treffen wird. Es wäre Anlass, um Menschen für erste Schritte zu sozialistischen Umgestaltungen zu gewinnen. Dazu liegt jedoch nichts Verwertbares vor. Ohne Ziel und Weg können aber Menschen nicht mobilisiert werden.

Die Aussage der Führung der Partei DIE LINKE: »Wir haben aber keine revolutionäre Situation«, ist eine Tautologie. Von allein kommt diese nicht. Die objektiven Widersprüche werden weiter zunehmen, die Linken stehen diesen mehr oder weniger konzeptionslos gegenüber. Stattdessen buhlt man mit allen Methoden um Regierungsbeteiligung. Glaubt nach den griechischen Erfahrungen jemand ernsthaft, dass mit Regierungsbeteiligung gesellschaftliche Veränderungen im Interesse der Menschen möglich sind?

Heutige Linke negieren diese einfachen und für jeden anhand der historischen Entwicklung nachvollziehbaren Erkenntnisse weitgehend. Ich habe mich mehrfach prinzipiell gegen derartige Auffassungen gewandt. Wirkliche gesellschaftliche Veränderungen sind nur möglich, wenn linke Bewegungen ein klares sozialistisches Ziel verfolgen, Handlungsschritte dazu ausarbeiten und damit Menschen mobilisieren. Von allem sind wir im linken Spektrum meilenweit entfernt. Dabei haben es uns die reaktionärsten Kreise der BRD – assistiert von »verirrten« Linken – doch im negativen Sinne vorgemacht: Ein klares Ziel definieren und »wissenschaftlich« begründete Handlungskonzepte dazu ausarbeiten. Diese historische Aufgabe muss die linke Bewegung endlich anpacken: Raus aus der ideologischen Sackgasse und Zersplitterung! Wenn die Partei mit dem anspruchsvollen großbuchstabigen Namen DIE LINKE dazu nicht fähig und gewillt ist, sind andere linke Kräfte – auch und gerade außerparlamentarische – gefordert.

Aus: *Wer verkaufte die DDR? Wie leitende Genossen den Boden für die Wende bereiteten.* edition berolina 2016.

WELCHE MERKMALE SOLLTEN EINE ERNEUERTE SOZIALISTISCHE GESELLSCHAFT PRÄGEN?

Die Schlüsselfrage aus allen Überlegungen lautet: Wie nun weiter? Diese Fragestellung zieht sich letztlich durch alle meine Publikationen. Dabei ist mir klar, dass ein Sozialismus im 21. Jahrhundert nicht die einfache, »besser gemachte« Kopie aus dem 20. Jahrhundert sein kann. Wir müssen uns von grundsätzlichen Fehlansätzen trennen, Tabus brechen und mutig von neuen Denkansätzen ausgehen.

Meine Denkansätze gehen von zwei Grundfragen aus: Mit welchen Menschen wollen und können wir eine neue Gesellschaft aufbauen? Und: Wie können wir diesen Menschen ein anderes Lebensziel als Konsumtion materieller Güter vermitteln?

Ich entwickle in meinem wichtigsten Buch Die sozialistische Zukunft *verschiedene Grundsätze künftiger sozialistischer Gesellschaften, die sich grundlegend von der kapitalistischen Ordnung unterscheiden:*

➢ *Eine Abkehr der Menschen vom durch das Kapital geprägten »Konsumtrottel«*

➢ *Eine neue Beantwortung der Frage: Wie wollen und können wir leben? – Eine Abkehr vom reinen Konsumismus westlicher Prägung*

➢ *Ein Ende des unbegrenzten globalen Wachstums im Interesse des Profits und eine gerechte Verteilung der Ergebnisse auf alle Menschen*

➢ *Arbeit für alle Erwerbsfähigen zur Bestreitung des Lebensunterhaltes*

➢ *Dominanz des gesamtgesellschaftlichen Eigentums mit dem Kernstück »Staatseigentum«*

➢ *Darauf aufbauend eine starke staatliche Planung unter*

Nutzung – aber nicht Dominanz – marktwirtschaftlicher Kategorien

➤ *Ein sozialistisches Finanzwesen ohne Spekulationen*
➤ *Wirkliche Demokratie unter Einbeziehung aller Schichten des Volkes*
➤ *Zurückdrängung der nur auf Macht ausgerichteten Dominanz von Parteien*
➤ *Eingrenzung der Macht des undemokratischen Gerichtswesens bei politischen und wirtschaftlichen Grundsatzentscheidungen*
➤ *Demokratisierung des privaten profitgebundenen Medienwesens*
➤ *Internationale Solidarität und unbedingte Friedenssicherung*

Die wichtigsten und strittigsten Aussagen begründe ich mit nachfolgenden Auszügen. Ich vertrete die Auffassung, dass es in der Welt bei den fortschrittlichen, um eine sozialistische Zukunft ringenden Völkern Lateinamerikas hoffnungsvolle Ansätze für deren Umsetzung gibt. Der »sozialistischen« Entwicklung in der Volksrepublik China kann ich wenig Beispielhaftes für eine sozialistische Alternative im 21. Jahrhundert abgewinnen:

MIT WELCHEN MENSCHEN IST EINE SOZIALISTISCHE GESELLSCHAFT ZU ERRICHTEN?

Dieses herrschende Gesellschaftssystem braucht einen bestimmten Menschentyp, und es ist ständig und weltweit dabei, ihn zu schaffen und weiterzuentwickeln. Es geht nicht nur um den Homo oeconomicus, den Menschen, der nur als Kostenfaktor des Kapitals bedeutsam ist. Der neue Menschentyp ist am besten mit dem Gattungsnamen Homo consumens idioticus – zu gut Deutsch »Konsumtrottel« – beschrieben. Konsumtrottel sind durch raffinierte Werbung von früh bis abends abgerichtete Menschen, deren Lebensinhalt und Lebensform im Konsumieren und Nichtdenken besteht. Ihnen geht es nicht darum, dringende Lebensbedürfnisse zu befriedigen, sondern aus Gier, Neid, Prestige, Prahlerei oder einfach, weil es Mode ist, je nach Format des eigenen Geldbeutels, Produkte und Leistungen zu erwerben, die »Statussymbol« haben: das zweite oder dritte Auto mit allen Spielereien, den soundsovielten Computer – natürlich mit dem neuesten, häufig immer schlechter funktionierenden Betriebssystem –, Bildschirme immer flacher, größer und noch hoch-hoch-auflösender und vor allem multimedialen Schnickschnack in Handys, iPods, iPhones, Playstations – dabei unsere lieben Kleinen nicht vergessen! Natürlich gehören prestigeträchtige Reisen zum Image des Konsumierens – aber bitte in abgeschirmte all-inclusive-Ghettos, um nicht dem häufig sehr tristen und armen Alltag der einheimischen Bevölkerung begegnen zu müssen.

Shoppen in den dafür hergerichteten Tempeln oder im Internet ist dem Konsumtrottel ein vorrangiges Lebensbedürfnis. Rechtzeitig zur Weihnachtszeit 2013 wird für das Nonplusultra des Homo consumens idioticus geworben: die iPhone-Shopping-App. Der Konsumtrottel kann damit, ohne überhaupt vom Sofa aufstehen zu müssen, in der Welt des Shoppings schwelgen. »Das Einkaufen mit hochgelegten Füßen von der heimischen Couch aus wird immer bequemer. Während Kunden heutzutage noch knapp zwei Drittel ihrer Klamotten und Accessoires im Laden aussuchen und kaufen, könnte dieser Anteil in zehn Jahren unter 50 Prozent liegen.«[34] Konsumentenherz, was willst du mehr?!

Die Werbewirtschaft tut alles, aber wirklich alles, um diese Menschen und vor allem sich selbst glücklich zu machen. Wenn in den Nachrichten »Konsumfreude« der Bevölkerung signalisiert wird, ist die kapitalistische Wirtschaftswelt (fast) in Ordnung. Noch besser ist allerdings »Konsumrausch«, der tritt ab und zu zur Weihnachtszeit ein. Der Mensch negiert dann seine finanziellen Bedingungen und realen Bedürfnisvorstellungen komplett und shoppt hemmungslos für sich und seine Lieben. Reicht der Geldbeutel nicht, wird auf Kredit finanziert. Die Margen sind so kalkuliert, dass das Kapital Ausfälle nicht nur verkraftet, sondern auch daran noch gut verdient. Günstig und erstrebenswert für das System ist es, wenn der Rauschzustand zum Normalzustand wird und dabei gleichzeitig auch das geistige Niveau auf »Ramschzustand« heruntergefahren wird. Wer shoppt, denkt nicht viel, schon gar nicht über die Ursachen der Billigeinkäufe in unseren Konsumtempeln nach. Wer sich den geistigen Ergüssen der werbefinanzierten Sender und Zeitschriften hingibt, denkt auch nicht an die Probleme des Landes und schon gar nicht der Welt. Von Kinderarbeit in Indien, Zwölf-Stunden-Arbeitstagen chinesischer Frauen, ruinösen Hungerlöhnen für Kaffee- und Bananenpflücker, Textilarbeiterinnen will er nichts wissen.

Der Konsumtrottel konsumiert statt geistiger Auseinandersetzung mit den Problemen der Welt geistigen »Dünnschiss«: primitivste Serien, unendliche Krimis, Klatsch und Tratsch der Reichen und Schönen und

---

34 »Smart einkaufen – Mit Apps können Verbraucher über Handys auf Shoppingtour gehen«. In: *Der Tagesspiegel*, 2. Dezember 2013.

die Profitmaschinerie im »Profisport«. Die höchsten Einschaltquoten – über acht Millionen – erzielt dann im Wochenendwettbewerb das Spitzenprodukt »Das Dschungelcamp«. Millionen anziehende Großereignisse nach dem Motto »Brot und Spiel« dürfen auch nicht fehlen. Auf Love-Parades und ähnlichem Getümmel treibt sich »trottelosus« gern herum.

So wird der menschliche Idealtyp für das System geformt, nur mit diesen Menschen kann es überleben. Das Erschreckende ist, dass sich große Teile der Gesellschaft immer mehr zu diesem Konsumtrottel manipulieren lassen. Je länger die Wirkung, desto größer der Erfolg. Schauen wir uns in unserer Umgebung um, das Ergebnis ist schockierend! Das ist der »mündige Bürger«, der dann alle vier Jahre als Höhepunkt seiner demokratischen Grundrechte zum Kreuzchenmalen aufgerufen wird. Es wird schwer, sehr schwer, mit derartig manipulierten Menschen eine andere Gesellschaft aufbauen zu wollen.

Alle so vehementen Anhänger der völligen Basisdemokratie in der Gesellschaft sollten sich die Frage vorlegen und beantworten, mit welchen Menschen eigentlich die basisdemokratischen Entscheidungen im Staat und im Betrieb gestaltet werden sollen. Die Sozialisten sind schon einmal an einem Menschenideal gescheitert, das es so, wie erhofft und erwünscht, nicht gab. Die linken Superdemokraten laufen erneut in diese Falle. Der sozialistisch agierende Mensch kann nicht gebacken werden. Er entstammt einer kapitalistischen Umwelt, die ihn auf das Schlimmste deformiert hat – gierig und unwissend. Die Frage nach dem Sinn des Lebens stellt sich anders. In meiner Jugend lasen wir vom sowjetischen Autor Nikolai Ostrowski *Wie der Stahl gehärtet wurde*. Darin kann man die folgenden wunderbaren Sätze finden: »Das Wertvollste, das der Mensch besitzt, ist das Leben. Es wird ihm nur ein einziges Mal gegeben, und benutzen soll er es so, dass ihn zwecklos verlebte Jahre nicht bedrücken, dass ihn die Schande einer niederträchtigen und kleinlichen Vergangenheit nicht brennt und dass er, sterbend, sagen kann: Mein ganzes Leben, meine ganze Kraft habe ich dem Herrlichsten in der Welt, dem Kampf für die Befreiung der Menschheit gewidmet. Ja, man muss sich mit dem Leben beeilen. Denn eine dumme Krankheit oder ein tragischer Zufall kann dem Leben ein Ende bereiten.«[35]

Lassen wir das etwas überschwängliche Pathos von der »Befreiung der Menschheit« beiseite und ersetzen dieses durch »Gemeinwohl«, »Eintreten für die Schwachen« – dann sollten dies durchaus die zentralen Koordinaten einer Gesellschaft sein, die lebenswert ist. Diese kann man den Menschen nicht befehlen. Aber eine zukunftsfähige Gesellschaft sollte ein Umfeld dafür schaffen, dass sich derartige Wesenszüge entwickeln. Dabei war der praktizierte Sozialismus auf dem richtigen Wege, jedoch nicht am Ziel. Niemand ist gegen den Genuss im Leben. Leben soll weder im Jammertal schuldbeladener, sich selbst kasteiender religiöser Kreaturen noch in der Askese des Verzichts enden. Zum Leben gehört Freude, Optimismus und Genuss. Bedenklich wird es aber, wenn das gesamte gesellschaftliche System den Genuss zur Existenzgrundlage benötigt.

---

35   Nikolai Ostrowski: *Wie der Stahl gehärtet wurde.* Verlag Neues Leben, Berlin 1952, S. 289.

Im Zentrum der Selbstverwirklichung des Menschen
in jeder Gesellschaft sollte die Arbeit stehen. Jeder arbeitsfähige Mensch sollte das Recht und auch die gesellschaftliche Pflicht zur Arbeit haben. Das Recht auf Arbeit und ein menschenwürdiges Dasein ist Bestandteil
der »Allgemeinen Erklärung der Menschenrechte« der
UNO vom 10. Dezember 1948 und mehrerer Landes-
verfassungen der Bundesrepublik Deutschland aus dem
Jahr 1949. Verwirklicht wird es in den Ländern des Kapitals nirgends.
Arbeit ist nicht Gelderwerb allein. Sinnvolle Arbeit
schafft das notwendige Bindeglied zwischen Individuum
und Gesellschaft. Der Mensch bildet Fähigkeiten und
Fertigkeiten heraus, wird gefordert und entwickelt sich
als Individuum und Teil der Gesellschaft weiter. Er tritt
in unmittelbaren Kontakt mit Mitmenschen und kom-
muniziert nicht anonym über Internet und *Facebook*.
Die Verweigerung von Arbeit gegenüber großen Teilen
der Bevölkerung, vorrangig der Jugend, ist deshalb
nicht nur eine soziale Schande, sondern ein menschli-
ches Verbrechen. Wenn in den vom Kapital am stärksten erpressten Ländern Südeuropas fünfzig und mehr
Prozent der Jugend ohne Arbeit und damit Lebenspers-
pektive sind, hat sich dieses Gesellschaftssystem selbst
diskreditiert. Dass auf diesem Nährboden vonseiten der
Ausgestoßenen auch Aggressionen, Kriminalität, Frem-
denhass und Rechtsextremismus gedeihen, beweist nur,
in welchem Maße die gesellschaftlichen Bedingungen
die Moral und Verhaltensweise des Menschen prägen.
Arbeit ist die entscheidende Voraussetzung, um die gu-

ten Eigenschaften des Menschen zu fördern und weiterzuentwickeln. Ja, mehr noch. Bereits Friedrich Engels stellte fest: »Die Arbeit ist die Quelle allen Reichtums, sagen die politischen Ökonomen ... Aber sie ist noch unendlich mehr als dies. Sie ist die erste Grundbedingung alles menschlichen Lebens, und zwar in einem solchen Grade, dass wir in gewissem Sinn sagen müssen: Sie hat den Menschen selbst geschaffen.«[36]

Diesen entwicklungsgeschichtlich bewiesenen Zusammenhängen stellen sich Theorien über »moderne Arbeit« entgegen. In einem Artikel unter dem Titel »Wie viel Arbeit braucht der Mensch?« stellt eine Professorin für Erziehungswissenschaften stellvertretend für andere »moderne« Auffassungen folgende Behauptungen auf: »Arbeit ist weit davon entfernt, den Menschen zu seiner höheren Daseinsbestimmung zu adeln ... Es geht gar nicht um Arbeit, und Arbeit ist auch nicht erstrebenswert. Es geht um Geld. Die Frage: ›Wie viel Arbeit braucht der Mensch?‹ und jene andere: ›Wie viel Geld braucht der Mensch?‹ sind gleichbedeutend. (...) Vom Geld kann man halt nie genug haben. (...) Die Zeit, die wir in sinn- und bedeutungslosen Arbeitsvollzügen zubringen, geben wir als Lebenszeit schon verloren. Das sind also mindestens 8 Stunden täglich, die wir schon abgeschrieben haben und die wir nolens volens als den Preis erachten, den wir nun einmal für die Segnungen der Freiheit zu entrichten haben. Arbeitszeit fällt als Zeit sinnerfüllten Lebens aus.«[37]

---

36 Friedrich Engels: »Anteil der Arbeit an der Menschwerdung des Affen«. In: *Marx/Engels: Werke*. Dietz Verlag, Berlin 1962, S. 444 f.
37 Prof. Marianne Gronemeyer: »Wie viel Arbeit braucht der Mensch?« Auf: http://denk-doch-mal.de/wp/neuer-beitrag-wieviel-arbeit-braucht-der-mensch/.

In diesen wenigen Sätzen ist das Credo nicht nur »moderner« Arbeitsphilosophie, sondern »moderner« Lebensphilosophie verankert: Ziel und Lebensinhalt ist der Gelderwerb, davon kann man nicht genug haben. Arbeit ist nutzlos verbrachte Zeit, die uns von den Segnungen der Freiheit, vom Genuss des Lebens abhält. Eine Lebensauffassung, die im erschreckenden Maße Eingang in die Lebensgestaltung der »Moderne« gefunden hat. Das Leben »genießen«, konsumieren, feiern, verreisen werden zunehmend der Inhalt des Lebens. Es ist nicht zu leugnen, dass große Kreise der Bevölkerung dieser Lebensauffassung nachgehen. Auf einer Diskussionsveranstaltung fragte mich ein Mann in den besten Jahren, was ich vom bedingungslosen Grundeinkommen halte. Meine Antwort: »Gar nichts.« Er: »Warum?« Ich: »Weil dadurch allgemeine Faulheit unterstützt und gesellschaftliche Bindungen zerschlagen werden.« Er: »Das ist doch aber schön. Ich muss nicht arbeiten, um meine Grundbedürfnisse zu befriedigen und kann zu Hause bleiben. Nur wer sich mehr leisten will, sucht sich Arbeit.« Bekannterweise steht der Mann in besten Jahren nicht allein mit seiner Auffassung. Die falsche Philosophie hat sich auch in linken Kreisen und Parteien eingenistet und führt erneut in eine gesellschaftliche Irre: Leben ohne Anstrengung. Die Lösung des Problems ist nicht »bedingungsloses Grundeinkommen« für alle, sondern Arbeit für alle.

Wie wollen und können wir künftig leben?

Wenn wir nicht akzeptieren, dass allein die immer bessere Befriedigung der Bedürfnisse, ausgedrückt in der Konsumtion und dem Genuss immer mehr materieller und kultureller Güter, den Sozialismus bestimmen können, was dann? Wie können Menschen für ein neues Projekt gewonnen und mitgenommen werden, deren Hauptstreben eben darin bestand und besteht, immer mehr zu konsumieren? Ich meine, in meiner Auffassung nicht falsch zu liegen, wenn ich behaupte, dass viele der Menschen, die in der »Wendezeit« gerade diesem »Ideal« nachgejagt sind, inzwischen sehr ernüchtert andere Tugenden preisen und suchen. Das Dilemma des praktizierten Sozialismus in Europa und besonders der DDR bestand wohl auch darin, dass es seinen Bürgern – aus objektiven und hausgemachten Gründen – eben nicht »erlauben« konnte, die »Segnungen« der kapitalistischen Welt mit eigenen Augen zu sehen. Kaum einer ihrer Bürger konnte im »freiesten Land der freien Welt« die Slums in Los Angeles, San Francisco und anderswo, den Existenzkampf ums nackte Überleben, die Ausgrenzung der farbigen Bevölkerung und den anwidernden exzessiven Reichtum der Oberschicht »bestaunen«. Es war auch den wenigsten vergönnt, mit Arbeitslosen oder Obdachlosen im »Traumland BRD« zu reden. Aber sehr bald, als viele der Angegliederten die Segnungen der freien Marktwirtschaft am eigenen Leibe verspürten, änderte sich das Bewusstsein. Die verlorenen Vorzüge des praktizierten Sozialismus wurden für viele existenzbedrohend, für sie selbst und ihre Familien. Sie spürten schmerzhaft, dass Selbstverständlichkeiten des sozialistischen Alltags eben keine Selbstverständlichkeiten waren. Menschen werden in eine neue Gesellschaft durchaus mitzunehmen sein, wenn nicht versprochen wird, durch noch höhere Arbeitsproduktivität noch mehr Konsumtion anzubieten, sondern andere menschenwürdige Ziele gestellt werden. Diese Auffassung beginnt, sich bei der Aufarbeitung der sozialistischen Vergangenheit schamhaft einzuschleichen.

Der über jeden antimarxistischen Verdacht erhabene, 2011 verstorbene Philosoph Hans Heinz Holz kam zu folgender bemerkenswerten Aussage: »Die Konkurrenz zwischen den Gesellschaftssystemen wurde nicht mehr als Konkurrenz um Lebensziele, sondern um Konsumstandards geführt. Wenn aber überhaupt der Kampf mit einer Welt überlegener Zivilisationsangebote hätte gewonnen werden sollen – und man kann fragen, ob das eine echte Chance war – dann jedenfalls nicht auf deren eigenem Boden der Konsumgüterproduktion, sondern auf dem Boden einer alternativen, die Entfaltung des ganzen Menschen und seiner Kultur akzentuierenden Wertorientierung.«[38]

Ich stimme einer derartigen Auffassung vollständig zu, jedoch mit dem Zusatz, dass sich derartig vernünftige Verhaltensweisen der Menschen nicht von selbst herausbilden. Sie müssen gesteuert werden. Diese Erkenntnis hat weitreichende theoretische und praktische Konsequenzen. Die sozialistischen Entwicklungen in Lateinamerika haben offensichtlich diese Lehre verstanden. »Der vielleicht größte Fehler des traditionellen Sozialismus war es, das kapitalistische Entwicklungskonzept nicht in Frage zu stellen – man wollte dasselbe nur schneller und gerechter. – Unser Konzept ist das gute Leben, das Leben in Einklang mit der Natur, in Würde, mit Gleichheit«, meint der Präsident Ecuadors Raffael Correa.[39]

---

38 Hans Heinz Holz: *Niederlage und Zukunft des Sozialismus.* Edition Marxistische Blätter, Neue Impulse Verlag 1992, S. 102.

39 Raffael Correa in: »Was ist Sozialismus?« In: *kontrovers* 1/2008.

Was wären unter Berücksichtigung dieser Erkenntnisse die Wesenszüge einer neuen sozialistischen Gesellschaft? Wir müssen beginnen mit einer Neudefinition der »Bedürfnisse« des Menschen. Natürlich gehört dazu auch ein Konsumtionsniveau, das allen Menschen eine menschliche Existenz ermöglicht.

»Die Bedürfnisse stellen wohl die ursprünglichste und in diesem Sinne auch älteste Triebkraft menschlichen Handelns dar. (...) Die ursprünglichsten Bedürfnisse der Menschen waren sicher die nach Nahrung und Sexualität. Ohne das Erste gäbe es kein Leben und ohne das Zweite keine Gattung Mensch. Zu den frühen Bedürfnissen gehören die nach Kleidung und Hausung. Je weiter sich die Produktivität der Menschen und ihre Sozialisierung entwickelten, umso differenzierter entwickelten sich ihre Bedürfnisse. Es kommen geistige, rechtliche, politische und andere hinzu.«[40]

Ich würde eine Einteilung der praktischen *menschlichen Bedürfnisse* in folgende Kategorien vornehmen:

Kategorie 1: Lebensnotwendiger Bedarf. Jeder Mensch braucht zum Überleben Trinken, Essen, Kleidung und Wohnung. In der gegenwärtig vom Kapital dominierten Welt werden Milliarden Menschen selbst diese lebensnotwendigen Grundbedürfnisse vorenthalten. Sie müssen täglich um ihre nackte Existenz kämpfen und viele von ihnen unterliegen dabei. Erst eine sozialistische Gesellschaft kann die Aufgabe in Angriff nehmen, den lebensnotwendigen Bedarf für alle Menschen abzusichern, sonst ist sie den Namen nicht wert. Es ist das elementarste Menschenrecht zum Überleben aller Menschen.

---

40   Günter Söder in: Broschüre der GBM Nr. 135.

Kategorie 2: Grundbedarf. Zu den materiellen Existenz-
bedingungen kommen in entwickelten Ländern die Bedürfnisse nach sanitären Einrichtungen, Gesundheits-
und Altersversorgung, Bildung, Kommunikation sowie
angemessene Mobilität hinzu. Auch diese Bedürfnisse
müssen sozialistisch gesichert werden, wobei Art und
Weise bereits deutliche Unterschiede zu entwickelten
kapitalistischen Gesellschaften aufweisen sollte. Gesundheitsversorgung und Bildung sollten weitgehend
kostenlos sein, Mobilität sich nicht vorrangig im Indivi-
dualverkehr konzentrieren.

Der 1993 ermordete Generalsekretär der KP Südafrikas
definierte Sozialismus folgerichtig wie folgt: »Beim Sozialismus geht es nicht um große Konzepte und schwere
Theorie. Beim Sozialismus geht es um ein bescheidenes
Dach für jene, die obdachlos sind. Es geht um Wasser
für jene, die keinen Zugang zu sicherem Trinkwasser
haben. Es geht um Gesundheitsfürsorge, um ein Leben
in Würde für die Alten. Es geht darum, die riesige Kluft
zwischen Stadt und Land zu überwinden. Es geht um
Bildung für alle unsere Bürgerinnen und Bürger. Beim
Sozialismus geht es darum, die Tyrannei der Märkte zu-
rückzudrängen.«[41]

Kategorie 3: Gehobener Bedarf. Sozialismus in modernen
Industriegesellschaften, sofern er dort jemals aktuell
auf der Tagesordnung steht, kommt mit diesem Grad
der Bedürfnisbefriedigung natürlich nicht aus. Bedürfnisse nach Kultur, Unterhaltung, Sport, Reisen sind in-
tegraler Bestandteil der menschlichen Bedürfnispalette
in diesen Ländern. Art und Weise der Befriedigung sollte sich jedoch grundlegend von der kapitalistischen un-

---

41   Chris Hani in: »Was ist Sozialismus?« Von: Michael Brie und Christoph
      Spehr. In: *kontrovers* 1/2008, S. 23.

terscheiden. Kulturvolle Unterhaltung statt seichtester Massenverdummung, Breitensport statt manipuliertem medienwirksamen Profitum, umweltschonender statt kulturloser Massentourismus sollten die sozialistische Gesellschaft prägen.

Kategorie 4: Nutzloser Bedarf. In den auf hemmungsloses Wachstum getrimmten kapitalistischen Industrieländern wird Bedarf zunehmend künstlich geschürt. Nutzlose Produkte, Schnickschnack und Firlefanz, technische Spielereien verschlingen ungeheure materielle, finanzielle und geistige Kräfte. Unerträgliche, an primitivste Instinkte appellierende Werbung drängt den potentiellen Käufern Produkte und Leistungen auf, für die überhaupt kein realer gesellschaftlicher Bedarf vorliegt. Viele »Sonderangebote« der Supermarktketten ebenso wie private Leistungen der Ärzte[42], technische Spielereien am Auto, bei der neuesten Computergeneration, in der Heimelektronik bis zum iPad und iPhon[43] sind ein beredter Ausdruck einer aus den Fugen geratenen Konsumgesellschaft. In einer sozialistischen Gesellschaft haben diese Produkte und Leistungen überwiegend nichts zu suchen. Sobald die offensive Werbung dafür eingestellt wird, brechen diese Zweige wie ein Kartenhaus zusammen – mit ihm die ungezählten, von dieser Werbung finanzierten Medien.

---

42 Bei einem »Marktvolumen« von 1,5 Milliarden Euro sind nach einer Studie der Krankenkassen von 24 getesteten individuellen privat zu zahlenden Gesundheitsleistungen (von Akupunktur über Augendruckmessung bis Ultraschall) nur 2 »leicht positiv«, dagegen 14 negativ bzw. mit erheblichen Schäden behaftet. – TS 26.01.2012.

43 Apple, Marktführer auf diesem Gebiet, zog in einem einzigen Quartal (IV./2011) den benebelten, häufig jugendlichen Konsumenten 46,3 Milliarden Dollar aus der Tasche. In: *Der Tagesspiegel*, 26. Januar 2012. Im gleichen Zeitraum verhungerten eine halbe Millionen Kinder.

Kategorie 5: Luxusbedarf. Privatyachten und -jets, Lu-
xuslimousinen, Villen, Edelschmuck, Designerwaren.
Luxusbedarf entsteht nur dort, wo kaufkräftiger Luxus
besteht. In einer sozialistischen Gesellschaft haben Millionäre und Milliardäre keine Heimstatt, der Luxusbedarf ist in dieser Gesellschaft nicht existent.

»Wir müssen unseren Konsum reduzieren. Deutlich
weniger Nahrungsmittel, weniger Energie, weniger von
all dem Zeug. Weniger Autos, Elektroautos, Baumwoll-
T-Shirts, Laptops, Smartphones. Viel, viel weniger. Der
weltweite Konsum steigt jedoch weiterhin Jahrzehnt
für Jahrzehnt an – und zwar gnadenlos. An dieser Stelle
sollte man darauf hinweisen, dass mit ›wir‹ diejenigen
gemeint sind, die im Westen und Norden dieses Planeten leben. Es gibt nämlich anderswo drei Milliarden
Menschen, für die es derzeit lebenswichtig wäre, mehr
zu konsumieren, vor allem mehr Wasser, mehr Nahrungsmittel und mehr Energie. Und bis Ende dieses
Jahrhunderts wird diese Zahl auf fünf Milliarden stei-
gen«, schreibt Stephen Emmott in seinem Bestseller
Zehn Milliarden.[44]

Was er – wie in allen derartigen »Bestsellern« – nicht
sagt, ist, dass diese überlebenswichtige Forderung
nicht in einem Gesellschaftssystem zu realisieren ist,
das vom Maximalprofit angetrieben wird. Nur eine
sozialistische Gesellschaftsordnung mit einer vernünf-
tigen Konsumtion kann dieses Menschheitsproblem
lösen. In dieser wird die Bedarfspyramide zum Pyrami-
denstumpf. Die beiden oberen Segmente entfallen, die
unteren werden ausgebaut. Das hat eine grundlegende Umstrukturierung der materiellen Produkte und

---

44 Stephen Emmott: *Zehn Milliarden.* Suhrkamp Verlag 2013, S. 190 f.

Dienstleistungen auf den wirklichen Bedarf der Menschen zur Folge. Ein anderer, vernünftiger Lebensstil, eine Neuordnung der Bedürfnisse im menschlichen Bewusstsein ist jedoch schwerlich mit Appellen und Agitation zu erreichen. Der Mensch, in seiner genetischen Entwicklung und den bisherigen Ausbeutergesellschaften auf Besitz, Genuss und Macht getrimmt, wird in Europa kaum weniger konsumieren, weil in Afrika Kinder verhungern. Dazu muss die Gesellschaft den notwendigen Rahmen schaffen.

Löst ständiges Wirtschaftswachstum die Probleme?

Wenn man den Heilsbringern der vorherrschenden politischen Schattierungen Glauben schenken würde, gibt es für die wirtschaftlichen und sozialen Probleme – auch und vorrangig für die Finanzkrise – vor allem einen Lösungsweg: Wachstum, Wachstum und nochmals Wachstum. Jedem sollte doch einleuchten: Wenn die Wirtschaft wächst, gibt es mehr Arbeit, und es ist mehr zum Verteilen für alle da. Stimmt diese Aussage?

Wachstum stabilisiert Armut und fördert Reichtum
Wenn Wachstum das seligmachende Allheilmittel ist, warum befindet sich die Welt nach Jahrzehnten unaufhaltsamen Wachstums in einem solch erbärmlichen Zustand? Warum soll der Zustand besser werden, wenn eine Methode – Wirtschaftswachstum unter den Bedingungen des Kapitals –, die derart miserable Ergebnisse hervorgebracht hat, noch schneller verläuft? Bereits die Fragestellung: Wem hat das Wachstum was gebracht,

führt national und international zu alarmierenden Aussagen.

Nach wie vor konzentriert sich das Wirtschaftswachstum vorrangig auf die führenden Industriestaaten. Das Welt-Bruttoprodukt (in vergleichbaren Preisen) je Kopf der Bevölkerung wuchs innerhalb von 30 Jahren im Durchschnitt um circa 4.000 Dollar. Der Zuwachs in den ohnehin am weitesten entwickelten OECD-Ländern betrug jedoch circa 14.000 Dollar, in den zurückgebliebenen Ländern Afrikas nur 500 Dollar. Osteuropa brach nach den »Segnungen der Marktwirtschaft« nach 1990 völlig ein, um sich bis 2010 wieder leicht über das Niveau zu erheben, das es zu sozialistischen Zeiten bereits erreicht hatte. Die Entwicklung in Asien und Lateinamerika ist bescheiden, wenn man China gesondert betrachtet. Die Spreizung zwischen armen und reichen Ländern nimmt rasant zu. Nach vorliegenden Erhebungen betrug das Verhältnis der reichsten Ländergruppe zu der ärmsten 1973 das 13-fache, im Jahr 2001 bereits das 18-fache. Bis heute ist die Spreizung weiter fortgeschritten.

Die Entwicklung innerhalb Deutschlands zeigt das gleiche Ergebnis: Vom Wachstum profitieren vor allem die Reichen. Die Ergebnisse der deutschen Wachstumsperiode nach dem Anschluss der DDR bis zum Ausbruch der großen Krise sprechen für sich. Das Wachstum schuf weder Arbeit noch Wohlstand. In 15 Jahren mit einem durchschnittlichen jährlichen Wirtschaftswachstem von 2,8 Prozent sank das gesellschaftlich notwendige Arbeitsvolumen. Der wesentliche Anstieg in der Wachstumsperiode in Deutschland vollzog sich bei den Staatsschulden einerseits und im privaten Geldvermögen andererseits.

Hinter diesen abstrakten Zahlen verbirgt sich das Schicksal der übergroßen Mehrheit der Menschen auf diesem Planeten. Trotz der großspurigen Versprechungen von Millenniumsgipfeln und Wachstumsanbetern ist es der Weltgemeinschaft nicht gelungen, weder die Armut noch den Hunger zu reduzieren. Sie erweisen sich als mehr oder weniger wirkungslose Lippenbekenntnisse zur Einschläferung des Weltgewissens, weil an sie keinerlei gesellschaftspolitische Bedingungen geknüpft sind.

Die Menschheit hat mit ihrem Wachstumswahn offensichtlich die »Grenze der Zeit« erreicht, sie steht bereits mit einem Bein über dem Abgrund. Eine gesellschaftliche Alternative ist also keine Alternative eines Sankt-Nimmerleins-Tages, ein Fernziel in einigen hundert Jahren.

Die der Menschheit dienende Forderung heißt nicht, weiteres globales Wirtschaftswachstum in entwickelten Industrieländern, sondern Umverteilung von Reich zu Arm, sowohl national als vor allem international. Die führenden OECD-Länder brauchen überhaupt kein globales Wachstum, sondern eine dem Bedarf der Völker entsprechende Struktur der Produkte und Leistungen sowie eine gerechtere nationale und internationale Verteilung ihrer hohen Wirtschaftsleistung. »Es ist gegenwärtig ein Niveau der Produktivkräfte erreicht, welches erstmalig in der Geschichte erlaubt, für alle Menschen auf der Erde elementare Bedingungen eines selbstbestimmten Lebens in sozialer Sicherheit und Würde Schritt um Schritt zu schaffen. Diese Chance besteht auch künftig bei einem Bevölkerungszuwachs auf ca. 8 Milliarden Menschen im Jahre 2020.«[45]

Damit ich nicht falsch interpretiert werde: Natürlich

---

45 Karl Hartmann/Herbert Meißner: *Produktivkräfte und Produktionsverhältnisse in der Gegenwart.* GNN Schkeuditz 2010, S. 114.

braucht die Menschheit weitere wissenschaftlich-technische Entwicklungen zur Lösung der Menschheitsprobleme: Eine wirklich neue Energiebasis, Ressourceneinsparung, Umweltschutz, Gesundheitsfürsorge, altersgerechte Lösungen und vieles andere. Wenn aber vom neuesten Autosalon nicht über Kraftstoffeinsparung berichtet wird, sondern »dass Autofahrer bald in den Marken Mercedes-Benz, Volvo und Ferrari« – den größten Kraftstoffverbrauchern – »sich vom Auto SMS vorlesen lassen oder während der Fahrt die Lieblingsmusik vom Smartphone abspielen«, so ist das nichts anderes als gewinnträchtiger Firlefanz. Das Ziel: »Ein großer Teil der Wertschöpfung der Autoindustrie kommt inzwischen von Internet-Unternehmen, betont ein Branchenexperte – ein Milliardengeschäft!«[46]

Warum also letztlich die Floskel vom alle seligmachenden Wirtschaftswachstum?

»Wer die leistungsfähigste Wirtschaft besitzt, kann sich die größten Armeen und Flotten und die modernsten Waffen erlauben; wer die modernsten und schlagkräftigsten Armeen und Flotten besitzt, kann anderen Ländern seinen Willen aufzwingen und wird früher oder später zur Großmacht.«[47]

Kriterium einer sozialistischen Gesellschaft sollte sein, ob und wie alle Mitglieder der Gesellschaft angemessen am nationalen Reichtum beteiligt werden. Deshalb wird es hinsichtlich der Bedarfsdeckung niedriger entwickelte und höher entwickelte sozialistische Länder geben. Real kann Sozialismus auf hoher oder niederer ökono-

---

46 »Auto mit Siri«. In: *Der Tagesspiegel*, 3. März 2014.
47 George Modelski und William Thompson (Amerikanische Historiker). Zitiert von Karl Hartmann in: *Produktivkräfte und Produktionsverhältnisse in der Gegenwart*. GNN Schkeuditz 2010, S. 24.

mischer und sozialer Stufenleiter gestaltet werden. Der Sozialismus Kubas ist einer auf relativ niedrigem, der der DDR war einer auf relativ hohem ökonomischen Niveau. Einen Sozialismus auf höchstem Niveau, so wie ihn sich Marx und Engels als ein Sozialismus in den entwickelten Industrieländern vorstellten, hat es bisher nicht gegeben.

Markenkennzeichen des Sozialismus ist aber in jedem Falle die entsprechende Teilhabe aller am erreichten Stand der Entwicklung. Das sozialistische Prinzip »Jedem nach seiner Leistung« bei angemessener Einbeziehung der aus Gründen der Krankheit oder des Alters Arbeitsunfähigen muss dabei konsequenter durchgesetzt werden, als es mit den gleichmacherischen Tendenzen im praktizierten Sozialismus der Fall war. Der Mensch belohnt Geschenke der Gesellschaft im Allgemeinen nicht durch übermäßige Leistungen für die Gesellschaft, sondern betrachtet diese zunehmend als Selbstverständlichkeit. Persönliche Einkommen müssen durch persönliche Arbeit errungen werden.

IST GESELLSCHAFTLICHES EIGENTUM NOTWENDIG –
ODER GENÜGT MEHR »MITBESTIMMUNG«?

Die Kernfrage jeder Gesellschaftsordnung ist die Ausgestaltung der Eigentumsverhältnisse. Die Kernaussagen des *Kommunistischen Manifestes* von Marx und Engels aus dem Jahr 1848 gelten unverändert. *Was den Kommunismus auszeichnet, ist nicht die Abschaffung des Eigentums überhaupt, sondern die Abschaffung des bürgerlichen Eigentums. (...) Ihr werft uns mit einem Worte vor, dass wir euer Eigentum aufheben wollen. Allerdings das wollen wir.*

Wohlgemerkt, es geht nicht um das persönliche – durch eigene Arbeit erworbene – Eigentum, sondern um das durch Ausbeutung fremder Arbeit entstandene und ständig vermehrte Eigentum. Die Verfassung der DDR entsprach diesen Anforderungen. Diese Festlegungen der Verfassung der DDR wurden konsequent durchgesetzt – bei vielen anderen Verfassungsgrundsätzen war das nicht immer der Fall.

»Moderne« Auffassungen über den Sozialismus negieren die Eigentumsfrage weitgehend. Ihnen liegt die Fehleinschätzung zugrunde, sozialistische Wirtschafts- und Arbeitspolitik vorrangig auf dem Weg der Mitbestimmung durchsetzen zu können. Dem realen Sozialismus wird auf dem Gebiet der Wirtschaftspolitik vordergründig vorgeworfen, »staatssozialistisch« gewesen zu sein.

Kostproben linker Utopisten über Eigentum und Mitbestimmung

»Lange galt die radikale Umgestaltung der Eigentumsverhältnisse neben der Eroberung der politischen Macht als Voraussetzung sozialistischer Transformation. Doch mit vertieften Einsichten in die Regulationsweise des (fordistischen) Kapitalismus und den Erfahrungen mit dem Staatseigentum in den realsozialistischen Ländern erwies sich dies als im Kern falscher Weg. Vergesellschaftung und demokratische Steuerung, Pluralität von privaten, genossenschaftlichen, öffentlichen und staatlichen Eigentumsformen sind Eckpunkte eines Transformationsobjektes, das nicht mehr auf einen ›archimedischen Punkt‹ verdichtet werden kann.«[48]

---

48 Präambel zum Thema »Umgestaltung der Eigentumsverhältnisse«. In: Michael Brie/Richard Detje/Klaus Steinitz (Hrsg.): *Wege zum Sozialismus im 21. Jahrhundert*. VSA-Verlag 2011, S. 95.

»Das heißt, das Kriterium für Sozialismus als Gesellschaftsformation ist, dass die ökonomischen, sozialen, politischen und rechtlichen Verhältnisse so sind, dass demokratische Gestaltung sich entfalten und durchsetzen kann.«[49]

Sozialismus wird demnach nicht mehr als eine Gesellschaft der sozialen Gerechtigkeit auf der Grundlage von Gemeineigentum definiert, sondern als eine solche, in der alles demokratisch zugeht. Demokratie an sich und für sich als Kriterium des Sozialismus!? Jeder kann an jedem Ort jedwedes diskutieren! Also: Volksbefragung durch die Regierung: »Liebe Bürgerinnen und Bürger, möchtet Ihr mehr verfressen oder lieber mehr verreisen? Wenn Letzteres, wollt Ihr lieber mehr Auto fahren oder Eisenbahn? Und im Übrigen, der Staat hat demnächst ein Energieproblem. Sollen wir die Sonnenenergie aus Afrika importieren oder stimmt Ihr vorübergehend zu, die Atomkraftwerke wieder anzufahren? Und dann noch eine Frage: Die Gefahr eines bewaffneten Überfalls auf unser Land nimmt zwar zu, aber Ihr seid doch auch der Meinung, dass wir uns lieber bilden als verteidigen? Wir versprechen Euch, dass wir uns an Eurer Votum halten werden, auch wenn es mehrheitlich nur 50,1 Prozent beträgt. – Eure, Euch liebende, demokratisch gewählte und immer demokratisch handelnde Regierung.«
Ich betrachte Auffassungen, durch Mitbestimmung eine veränderte, den Interessen der Arbeiter besser entsprechende Wirtschaftspolitik durchsetzen zu können, mit großer Skepsis. Wirtschaft kann nicht demokratisch

---

49   Ralf Krämer in: Ebd., S. 119 und 122.

durch Arbeiterräte geleitet werden. Wirtschaft ist durch Leiter zu leiten, im Sozialismus durch »sozialistische Leiter«. Wirtschaftsleiter haben hochqualifiziert häufig kurzfristig, aber insbesondere strategisch Entscheidungen zu treffen. Sie haben die Verantwortung für ihr Tun zu übernehmen, sind gegenüber der Gesellschaft und Belegschaft rechenschaftspflichtig. Das Problem des praktizierten Sozialismus bestand darin, dass die »Wirtschaftskapitäne« zu wenig Entscheidungsspielraum hatten – erdrosselt durch starre Planvorgaben und politische Einflussnahme der allmächtigen Partei. Diese Handlungsbeschränkung kann in einer sozialistischen Gesellschaft nicht in Drosselung durch Arbeiterräte umschlagen. Das ist auch überhaupt nicht das Problem. Das Problem, ob jemand real »mitbestimmen« kann, ergibt sich aus der Beantwortung der Frage: Wem gehört was? In einer privatkapitalistischen Ordnung, in der die entscheidenden Produktions- und Finanzmittel einer kleinen Klasse von Kapitalisten gehören, ist »Mitbestimmung« ein Feigenblatt. Wirkliche Entscheidungen trifft der, der besitzt. Und unabhängig davon: Jede Entscheidung nützt letzlich dem, der besitzt.

Deshalb ist es grotesk und für mich nicht nachvollziehbar, warum Linke, wenn sie denn wirklich eine sozialistische Wirtschafts- und damit Gesellschaftsordnung wollen, sich so schwer mit der »Eigentumsfrage« tun. Es wird darüber fabuliert, dass es gar nicht darum geht, wer das Eigentum besitzt, sondern darum, wer darüber verfügt.

Ein erneuertes sozialistisches Gesellschaftskonzept erfordert zwingend ein gesellschaftliches Eigentum an Produktionsmitteln. Über das »Wie« lässt sich freilich trefflich streiten. Wer meint, durch Anteilsscheine das

Problem lösen zu können, solle es tun. Wer die Werktätigen stärker am Ertrag beteiligen will, sollte es auch. Nur möge er sich nicht der Illusion hingeben, hätten wir das im praktizierten Sozialismus besser gemacht, hätten die Werktätigen sich »ihr« Eigentum in der Wendezeit nicht so einfach stehlen lassen. Viele Menschen hatten das politische System satt, deshalb haben sie auch nicht dessen Grundbestandteil, das sozialistische Eigentum, verteidigt. Wer allerdings als Schlussfolgerung daraus meint, »Volkseigentum« erfordert zuallererst, dass »das Volk« die Entscheidungen in der Wirtschaft trifft, ist auf dem Irrweg.

Ich halte folgende Grundpositionen bei der Eigentumsdebatte für unumgänglich:

Zum Ersten: Jede Form privaten Eigentums an Produktionsmitteln ist die Grundlage für die Ausbeutung des Menschen. Der Besitzer eignet sich Teile des Arbeitsergebnisses an, das andere für ihn geschaffen haben. Vom amerikanischen Präsidenten Roosevelt stammt die Aussage: »Die meisten schönen Dinge sind durch Arbeit entstanden, woraus von Rechts wegen folgen sollte, dass diese Dinge jenen gehören, die sie hergestellt haben. Aber es hat sich zu allen Zeiten so ergeben, dass die einen gearbeitet haben, und die anderen ohne zu arbeiten, genossen den größten Teil der Früchte. Das ist dem Wesen nach falsch und sollte nicht fortgesetzt werden.«[50] Folglich: Der real sozialistische Ansatz, alles Privateigentum abzuschaffen, war durchaus folgerichtig im Sinne der Schaffung sozialistischer Produktionsverhältnisse. Ob er im praktizierten Umfang auch klug und notwendig war, ist eine andere Frage. Offenkundig war

---

50 Zitiert von Oskar Lafontaine in: »Der archimedische Punkt«. In: *Rot-Fuchs-Extra*, Dezember 2010.

er es nicht, er lähmte Initiativen. Es ist deshalb bemerkenswert, dass selbst im sozialistischen Kuba nunmehr private Kleinunternehmer in Landwirtschaft, Handel, Gastronomie und Dienstleistungen zugelassen werden. Wo die Grenze hinsichtlich der Betriebsgröße gezogen wird, ist eine Frage der Zweckmäßigkeit.

Zum Zweiten: Genossenschaftliches Eigentum oder Beteiligung der Belegschaften am Betriebseigentum löst das wirkliche gesellschaftliche Problem nicht. Dieses besteht darin, wie die Wirtschaft der *gesamten Gesellschaft* dient, ohne autoritärer staatlicher Regelung zu unterliegen. Genossenschaftseigentum und Belegschaftsbeteiligungen – in welcher Form auch immer – befriedigen Gruppeninteressen. Die private Ausbeutung – auch der Natur – wird von der Einzelperson auf die Gruppe verlagert. Es ist an dieser Stelle durchaus angebracht, Lenin zu zitieren: »Es ist die größte Entstellung der Grundprinzipien der Sowjetmacht und eine völlige Abkehr vom Sozialismus, wenn den Arbeitern einer einzelnen Fabrik oder eines einzelnen Berufszweiges in irgendeiner Form, direkt oder indirekt, das Eigentumsrecht an ihrer spezifischen Produktion gesetzlich zuerkannt wird oder das Recht, die Anordnungen der gesamtstaatlichen Macht abzuschwächen oder zu behindern.«[51]

Auch die immer wieder herangezogene Behauptung, wenn die Werktätigen der DDR an ihrem Eigentum beteiligt gewesen wären, hätten sie es besser gepflegt und letztlich nicht kampflos den westlichen Haifischen überlassen, ist offenkundig nicht stichhaltig. Pfleglicher Umgang wird nicht über Anteilsscheine am Eigentum

---

51 W. I. Lenin: »Über den Demokratismus und den sozialistischen Charakter der Sowjetmacht«. In: *Werke*, Ergänzungsband Oktober 1917–März 1923, S. 77 f.

entschieden, sondern durch Ordnung und Disziplin am Arbeitsplatz. Ansonsten müssten die privatkapitalistischen Betriebe zu einem Haufen der Unordnung verkommen. Das Gegenteil ist der Fall. Die Ursache des »unpfleglichen« Umgangs mit dem sozialistischen Eigentum bestand vielmehr darin, dass den sozialistischen Leitern aus falsch verstandener Rücksichtnahme auf die Arbeiterklasse disziplinarische Maßnahmen kaum möglich waren.

Die »kampflose« Übergabe wäre durch Anteilsscheine am sozialistischen Eigentum bestimmt nicht zu verhindern gewesen. Was man mit diesen Scheinen machen kann, haben die russischen Oligarchen bis zum Exzess getrieben: sich persönlich unendlich bereichern. Man kann auch andersherum argumentieren: Als die Arbeiter der Opelwerke in Bochum von der vorgesehenen Schließung des Werkes erfuhren, haben sie für den Erhalt »ihres« Werkes gestreikt, obwohl es ihnen gar nicht gehörte. Hatten die ein höheres »Eigentümerbewusstsein« als DDR-Werktätige. Nein, ihnen ging es auch nicht um »ihr Werk«, an dem sie keinerlei Anteil hatten, sondern um ihren Arbeitsplatz. Das Dilemma der ostdeutschen Werktätigen war offenkundig, dass sie sich nicht vorstellen konnten, dass mit kapitalistischer Übernahme nicht nur »ihr Betrieb« in private Hände überging, sondern dass diese Hände umgehend millionenfach ihren Arbeitsplatz zerstörten. Als die Menschen aufwachten, war es zu spät.

Zum Dritten: Die geradezu penetrant immer wieder als Ausdruck der wahrhaften Wirtschaftsdemokratie erhobene Forderung der Mitbestimmung der Werktätigen an den wirtschaftlichen Entscheidungen »ihres« Betriebes führt in die Irre. »Die Beteiligung der Belegschaften an ihren Betrieben eröffnet den Weg zu einer freieren und demokratischeren Gesellschaft.«[52] Das mag sein. Die Frage ist aber, ob das das gesellschaftliche Ziel ist. »Ein Aspekt der zu kurz greifenden alternativen Orientierung besteht darin, die alte Idee einer betrieblichen ›Demokratisierung‹ wieder aufzugreifen. Eine betriebliche Mitbestimmung läuft unter Krisenbedingungen darauf hinaus, die Beschäftigten für das Bestehen in der Konkurrenz mitverantwortlich zu machen.«[53] Klartext: Geht der Betrieb pleite, ist die Belegschaft beteiligt. Auch andersherum: Geht es dem Betrieb überdurchschnittlich gut, realisieren die Beschäftigten »Extraprofit«. Die Mittel für die gesamte Gesellschaft erarbeitet »der Weihnachtsmann«? Der Gesellschaft nützliche Wirtschaftsdemokratie kann eben gerade nicht darin bestehen, dass Betriebskollektive »ihre« Interessen durchsetzen. Wie würden denn die Opel-Arbeiter entscheiden, wenn sie vor der Frage stehen, ihren Betrieb auf Elektroautos umzustellen? Wie würden die Atomkraftwerker entscheiden, wenn sie darüber abstimmen sollten, ob ihr Werk auf Solartechnik umgestellt werden soll? Welche Entscheidungen würden Belegschaften treffen, wenn sie vor der Frage stehen, die erarbeiteten Mittel entweder als Lohn oder Prämie auszuschütten oder zukunftsfähig zu investierten? Nein, betriebliche Mitbestimmung kann und muss sich auf die Fragen konzentrieren, die die Arbeitswelt direkt betreffen: Arbeitsschutz, Arbeitsbedingungen, Arbeitsrecht, Entlohnung. Vorbildlich, vielleicht bereits zu weit gehend im Interes-

---

52 Oskar Lafontaine in: »Der archimedische Punkt«. In: *RotFuchs-Extra*, Dezember 2010.

53 Robert Kurz: »Weltwirtschaftskrise, soziale Bewegung und Sozialismus«. In: *Marxistisches Forum*, Heft 63, S. 8.

se der Werktätigen, war das im Arbeitsgesetzbuch der DDR geregelt. Strategische Entscheidungen über das Wirtschaften gehören in die Verantwortung von Leitern mit Qualifikation und Sachverstand. Ob diese von den Belegschaften gewählt werden, ist diskussionswürdig. Auf jeden Fall müssen sie ihr Tun vor der Belegschaft und der Gesellschaft verantworten. Helmut Schmidt vertrat die Auffassung: »Das Zusammenwirken beider Faktoren (Arbeit und Kapital im Produktionsprozess) bedarf der Leitung durch lenkungsbefähigte Personen. Diese Leitenden (Geschäftsführer, Direktoren oder Manager) müssen berufen, sodann bei ihrer Tätigkeit aber auch beaufsichtigt werden.«[54]

Zum Vierten: Die »Angst« vor Staatseigentum »aufgrund der bitteren Erfahrungen« schaut aus allen Auffassungen »moderner« linker Bewegungen hervor. Zunächst einmal ist zu fragen, worin die »bitteren Erfahrungen« liegen. Dass auch oder gerade mit Staatseigentum vorzeigbare wirtschaftliche Ergebnisse zu erzielen sind, die in hohem Maße der Gesellschaft nützen, hat der praktizierte Sozialismus durchaus eindrucksvoll bewiesen. Wenn wir uns vom reinen Profitstreben, von der ständigen Steigerung der Arbeitsproduktivität als oberstes Ziel sozialistischen Wirtschaftens verabschieden, wenn wir wirtschaftliche Ziele durchsetzen wollen, die nicht nur dem einzelnen Betrieb, sondern der gesamten Gesellschaft dienen, dann sind gerade staatliches Eigentum und staatliche Lenkung gefragt. Wie will der Staat sonst seine Ziele umsetzen? Wer besitzt, hat das Sagen. Selbst wenn es berechtigte Argumente gegen Staatseigentum als autoritär verwaltet gibt, bleibt immer noch

---

54 Helmut Schmidt in: »Mitbestimmung und Raubtierkapitalismus«. In: *kontrovers* 2/2006, S. 12.

der das sozialistische System prägende Vorteil, dass die wirtschaftlichen Ergebnisse der gesamten Gesellschaft zugutekommen und nicht in Privattaschen versickern. Die »bitteren Erfahrungen« mit dem Staatseigentum im Sozialismus bestanden doch nicht darin, dass es das Staatseigentum gab, sondern darin, wie mit diesem umgegangen wurde. Die »bittere Erfahrung« war, dass Kräfte – insbesondere die allmächtige Partei – den Leitern der Staatsbetriebe Entscheidungen auferlegten oder abnahmen, so dass diese gar nicht ihrer Verantwortung gerecht werden konnten. Die »bittere Erfahrung« war, dass ökonomische Dogmen – Tonnenideologie und Warenproduktionsfetischismus – ökonomisch begründete Entscheidungen blockierten. Eine sozialistische Gesellschaft muss gerade davon ausgehen, dass die staatliche Wirtschaftspolitik Vorrang vor der betrieblichen hat, sonst können wir gleich bei der Marktwirtschaft bleiben. Und staatliche Wirtschaftspolitik erfordert einen starken Staat. Dass dieser anders gestaltet und kontrolliert werden muss als im praktizierten Sozialismus mit dem Doktrinat der »allwissenden« Parteiführung – und erst recht anders als der dem Kapital hörige bürgerliche Staat, versteht sich von selbst.

Es geht also um die Frage, ob, wann und wie die Gesellschaft, das Volk als Ganzes, Einfluss auf wirtschaftliche Grundentscheidungen ausüben sollte. Ich mache kein Hehl daraus, dass ich solchen Maßnahmen äußerst skeptisch gegenüberstehe. Woher soll »das Volk« die notwendigen Kenntnisse über ökonomische Zusammenhänge in einer globalisierten Welt nehmen, um daraus gesellschaftlich nützliche Meinungen oder sogar Entscheidungen abzuleiten? Wie soll ein Volk, das zunehmend durch Massenmedien politisch verdummt und abgelenkt wird, rationale wirtschaftliche Entscheidungen im Interesse der gesamten Gesellschaft treffen? Volksbefragungen im Sinne der Meinungsäußerung können sich zwar auf wirklich grundlegende Richtungsentscheidungen – aus heutiger Sicht: Einführung des Euro, Ausstieg aus der Atomenergie, Gentechnik u. ä. – beziehen. Von *bindenden* Entscheidungen durch Volksentscheidungen ist jedoch dringend abzuraten.

Es ist und bleibt die zentrale Frage: Wie sind die Eigentumsverhältnisse zu gestalten? Gesellschaftliches Eigentum ist die Grundlage einer sozialistischen – friedlichen und sozial gerechten – Gesellschaft. Privateigentum ist Bedingung für eine kapitalistische auf Ausbeutung, soziale Ungerechtigkeit und kriegerische Abenteuer ausgerichtete Gesellschaft. Diese historisch bewiesene und höchst aktuelle Aussage geht der heutigen Gesellschaft immer mehr verloren. Viele linke Bewegungen negieren oder verdrängen sie. Aus diesem Grund hat das Ostdeutsche Kuratorium von Verbänden e. V. im November 2016 in einer öffentlichen Konferenz diese Binsenweisheit erneut thematisiert.

(Vgl. dazu: Klaus Blessing/Matthias Werner (Hrsg.): *Eigentum verpflichtet. Beiträge zur Kritik an einer antisozialen Politik.* edition ost 2016. Oder: *junge Welt* vom 14. Juni 2016.)

Ist Wirtschaft planbar – oder bestimmt der Markt?

Es hat sich eingebürgert, dass die Planwirtschaft als Synonym für den Sozialismus gilt und fast einhellig als autoritär, ineffektiv und gescheitert verpönt wird.

So einfach ist die Sache aber nicht. Zunächst: Auch im Kapitalismus wird versucht, zu planen. Jeder Konzern muss seine Wirtschaftsstrategie vorher bestimmen. Der Staat versucht krampfhaft – gestützt auf Heerscharen von Wissenschaftlern – Wachstumsprognosen, Steuerschätzungen und darauf aufbauend Haushaltspläne auszuarbeiten. Meist als Makulatur, die schon überholt ist, wenn sie auf dem Papier steht. Kapitalismus lässt sich nicht planen, da er der Willkür des Marktes ausgesetzt ist.

Wie steht es um eine sozialistische Gesellschaft, die sich von diesen Marktgesetzen lösen will, und kann sie das überhaupt?

Wenn und solange eine sozialistische Wirtschaft überwiegend über Export, Import und Finanzbeziehungen mit dem Chaos eines kapitalistischen Außenmarktes verbunden ist, kann sie es zweifelsfrei nicht. Sozialistische Planwirtschaft in des Wortes eigentlicher Bedeutung ist nur möglich, wenn sie sich in einem Rahmen annähernd gleichartiger wirtschaftlicher Systeme – sozialistischer Wirtschaftssysteme auf Grundlage gesellschaftlichen Eigentums – abspielt. Denn Planwirtschaft heißt nicht, den Versuch zu unternehmen, vorauszusagen, wie viel Gewinn der Betrieb oder Steuereinnahmen der Bund in den nächsten Jahren erwirtschaften wird. Planwirtschaft im Sinne sozialistischer Wirtschaftsführung heißt, die Wirtschaft *planmäßig zu gestalten* und zu lenken und diese Lenkung nicht den blinden Kräften des Marktes zu überlassen. Deshalb ist Planwirtschaft unabdingbar mit gesellschaftlichem Eigentum und einer zentralen Lenkung über den Staat verbunden.

Wie wäre unter dieser Voraussetzung sozialistische Planwirtschaft zu gestalten? Welche Erfahrungen sind aus der praktizierten sozialistischen Planwirtschaft zu ziehen? Welche Wirkung haben darin marktwirtschaftliche Elemente?

Eine sozialistische Gesellschaft, wie ich sie beschrieben habe, kann ohne eine starke zentrale Planwirtschaft überhaupt nicht existieren. Wenn Sozialismus nicht mehr bedeuten soll, höchste betriebliche Effektivität und Produktivität zu seinem Markenzeichen hochzustilisieren, dann kann er weder an marktwirtschaftlichen noch betrieblichen Kriterien allein gemessen werden. Eine starke zentrale staatliche Planung und die Möglichkeit des Staates, diese auch durchzusetzen, sind unerlässlich. Das »Wie« ist die Gretchenfrage. Im praktizierten Sozialismus war bei allen subjektiven Fehlern und bürokratischen Entgleisungen nicht falsch, dass geplant wurde. Es war falsch, wie diese Pläne zustande kamen und wie sie gegenüber den Wirtschaftseinheiten durchgesetzt wurden. Pläne kamen zustande durch die politische Allgewalt der Führungsorgane der Partei und Regierung mit dem Stabsorgan »Staatliche Plankommission«. Obwohl vom Statut der Planung vorgesehen, wurden die demokratischen Elemente der Beteiligung der Werktätigen an einer Diskussion des Planes immer stärker zugunsten reiner Partei- und Staatsadministration zurückgedrängt. Die zentralen Entscheidungen zum Plan nahmen immer stärker subjektivistische und realitätsfremde Züge an. Insofern ist es richtig, in einer neuen sozialistischen Gesellschaft Gremien zu schaffen, die bei der Ausarbeitung der zentralen Entwicklungsrichtung der Wirtschaft beratend mitwirken. Demokratische Abstimmungen mit Entscheidungscharakter sind jedoch kein geeigneter Weg für die Wirtschaftsführung. Entscheiden, verantworten und Rechenschaft legen muss der verantwortliche Leiter nach der ihm gemäß demokratischen Regularien übertragenen Machtbefugnis.

Bei der Umsetzung der gesamtstaatlich als richtig und notwendig erkannten Entwicklungsrichtungen sind die herkömmlichen Wege sozialistischen Wirtschaftens weitgehend zu verlassen. Planwirtschaft im praktizierten Sozialismus war in hohem Maße Naturalwirtschaft, Zuteilungswirtschaft. Das wesentliche Begleitinstrument der Planung war die Bilanzierung. Im Rahmen der Bilanzierung wurde allen Ernstes der Versuch unternommen, alle Produkte der Volkswirtschaft planmäßig zu verteilen. Planwirtschaft war deshalb eigentlich ein Verteilungskampf um Bilanzanteile. Die Kombinate und Betriebe wollten möglichst viele Ausrüstungen, um investieren zu können, viel Material und Energie, um produzieren zu können; sie boten aber meist zu wenig eigene Produktion an. Welch ökonomischer Widersinn! Dabei ist in der Tat eine »Quadratur des Kreises« nötig. Wenn wir akzeptieren, dass sozialistisches Wirtschaften etwas anderes ist als Profitwirtschaft; wenn wir davon ausgehen, dass sich gesamtstaatliche Entscheidungen vom reinen betriebswirtschaftlichen Handeln unterscheiden müssen; wenn wir also letztlich nicht den Gewinn zum alles entscheidenden Kriterium erheben; wenn wir aber andererseits nicht zulassen wollen, dass betriebliche Wirtschaftseinheiten nur von oben reglementiert werden; wenn wir wollen, dass sie Eigeninitiative entwickeln, effektiv arbeiten und am Erfolg gemessen und beteiligt werden – wie soll das zusammen gehen?

Eine perfekte Antwort darauf wird es nicht geben. Eine mögliche Antwort liegt in einer geschickten Verbindung zwischen staatlicher Planung und marktwirtschaftlicher Eigenverantwortung. In Umkehrung eines bekannten Ausspruches des ehemaligen BRD-Wirtschaftsministers Karl Schiller würde ich formulieren: »So viel Plan wie möglich, so viel Marktwirtschaft wie (unbedingt) nötig.«

Es wird nichts anderes übrigbleiben, als den Gewinn als Kontrollziffer für den Erfolg der betrieblichen Arbeit zu übernehmen – ohne ihm allerdings die alleinige Dominanz zuzuschreiben. Es ist notwendig, von der zentralen Zuteilungswirtschaft über Bilanzen zu realen Wirtschaftsbeziehungen durch Verträge überzugehen. Es ist erforderlich, die nachgeordneten Wirtschaftseinheiten nicht über Einzelkennziffern zu reglementieren, sondern ihnen aufgrund zentraler Stellgrößen genügend Eigenverantwortung zu überlassen. Es ist aber hierbei in der Tat richtig, dass es keine vorgefertigten perfekten Lösungen gibt und die einzelnen Schritte auch vom Reifestadium der sozialistischen Entwicklung abhängen: anfangs mehr Zentrale, später mehr Eigenverantwortung.

In keinem Stadium darf sich die Zentrale jedoch die letzte Verfügungsgewalt aus den Händen nehmen lassen, wenn es gilt, gesamtvolkswirtschaftliche Interessen vor betriebsegoistische zu stellen.

»Meine Auffassung ist, dass keine Abstriche daran zugelassen werden dürfen, dass alle wirtschaftlichen und darüber hinaus alle gesellschaftlichen Prozesse politisch-sozialistisch determiniert sein müssen und nur durch ein bewusstes Organisieren durch entsprechende staatliche Organe – eben zentrale staatliche Planung – durchgesetzt werden können. Dass es hierbei in unserer Praxis deutliche Überziehungen durch die Führungsadministration der Parteiführung gegeben hat, liegt wahrscheinlich auch daran, dass eine ›Entstraffung‹ derart, dass die Betriebe und Kombinate selbst über Investitionen entscheiden sollten, zu einem völligen Chaos geführt hätte. Nicht das (überzogene) administrative Planungssystem war das Hauptproblem, sondern das völlig unterentwickelte System der Interessiertheit der Betriebs- und Kombinatsleitungen, *von sich aus* (und nicht über äußeren Druck) höchste Leistungsangebote zur Erarbeitung und Untersetzung von »optimalen« Planzielstellungen zu erarbeiten. Die zu klärende Aufgabe wäre gewesen, wie man die »kraftvollen« Marktmechanismen, die den Kapitalismus wirtschaftlich tatsächlich immer wieder vorantreiben, auch für sozialistische Zielsetzungen nutzen und in ein gesamtstaatliches Planungssystem einordnen kann. Dazu wäre auch im Hinblick auf die Übermittlung von Erfahrungen für künftige linke Wirtschaftsstrategien noch viel Denkarbeit nötig.« (Peter Elz, Königs Wusterhausen, in einem Leserbrief zur Planwirtschaft)

Sind Justiz und Medien Eckpfeiler eines demokratischen Rechtsstaates?

»Unabhängige« Justiz und »freie« Medien werden unablässig geradezu als Synonym der Demokratie gepriesen. Staaten, die auf diesen Gebieten nicht den Normen westlicher bürgerlicher Staaten entsprechen, werden rundum als »Unrechtsstaaten« und »Diktaturen« abqualifiziert. Aus eigener, bitterer Erfahrung thematisiert Ex-Bundespräsident Christian Wulff diese Problematik: »Wichtige Medien vertreten längst den Anspruch, Poli-

tik nicht nur zu begleiten und zu kommentieren, sondern selbst Politik zu gestalten und zu bestimmen. (...) Für die Demokratie ist das keine gute Nachricht. Viele Medien tun zwar so, als berichteten sie über Politik, betreiben in Wirklichkeit aber ihr eigenes Geschäft. (...) Wir müssen uns auch über die Unabhängigkeit der Justiz gegenüber der Presse Gedanken machen.«[55]
Es ist angebracht, Licht in die demokratische Legitimation dieser die Gesellschaft zunehmend gestaltenden und beherrschenden Machtinstrumente zu bringen. Sie werden weder vom Volk gewählt, noch sind sie rechenschaftspflichtig.

Justiz – Was ist ein Rechtsstaat?
Eine der gängigsten Verunglimpfungen des praktizierten Sozialismus, auch und gerade den in der DDR, ist der Begriff des »Unrechtsstaats«. Diese Bezeichnung wird immer wieder missbraucht, ohne je zu klären, was darunter eigentlich zu verstehen ist. Versuchen wir es deshalb mit der Negation. Wo es Unrechtsstaaten gibt, muss es auch Rechtsstaaten geben. Nach herkömmlicher Meinungsmache ist die BRD so ein Hort der Tugend, ein wahrer Rechtsstaat. Was zeichnet einen Rechtsstaat aus?
Ein Rechtsstaat hat ein vom Volk bestätigtes grundsätzliches Rechtsdokument, in welchem der politische Wille des Volkes und Charakter des Staates niedergelegt ist, eine Verfassung. Die Handlungsweise der staatlichen Organe und der Bürger hat in Übereinstimmung mit dieser Verfassung zu erfolgen. Verstöße dagegen sind juristisch zu ahnden, dafür richtet der

---

55   Christian Wulff: *Ganz oben – Ganz unten*. C.H.Beck 2014, S. 11 f.

Rechtsstaat Kontrollmechanismen und -organe ein. Das Recht hat in jedem Staatswesen die Aufgabe, die jeweilige Gesellschaft zu stabilisieren. »Der Rechtsstaat wird ... definiert als ein System der Bindung der Staatsgewalt an das Recht und ihrer Begrenzung durch das Recht zu dem Zweck, die Freiheit des Einzelnen zu gewährleisten und seine Entfaltung in der Gesellschaft zu ermöglichen. Staatsgewalt darf nur ausgeübt werden auf der Grundlage der Verfassung und nach Maßgabe des Gesetzes.«[56]

Nach diesen für jedermann nachvollziehbaren Kriterien ist die BRD ein Unrechtsstaat. Die BRD hat keine Verfassung, sie hat ein Grundgesetz, das nach der Vollendung der Einheit durch eine Verfassung abgelöst werden sollte. Das wurde 1990 unterbunden. Schlimmer noch: Auch das Provisorium »Grundgesetz« wurde nie vom Volk demokratisch legitimiert. Es wurde von politischen Technokraten – dem Parlamentarischen Rat unter Konrad Adenauer – auf Geheiß der Alliierten am 23. Mai 1949 verkündet. Auch damit nicht genug des Unrechts. Die praktische Politik und die dafür verantwortlichen Politiker verstoßen seit Verabschiedung des Grundgesetzes permanent gegen dessen grundlegende Bestimmungen.[57]

---

56 Klaus Emmerich: *In guter Verfassung? Warum das Grundgesetz auf den Prüfstand gehört.* edition ost 2010, S. 47.

57 »Würde man etwa die Zahl der Morde und Toten bei illegalen Grenzübertritten und in Abschiebeknästen, des Kindesmissbrauchs, des Dopings, der Wirtschaftsverbrechen, die Vorratsdatenspeicherung, Gesinnungsüberprüfungen, die Verfassungsschutzberichte etc. mit in die Beurteilung einbeziehen, also Kriterien nehmen, die bei der Beurteilung der DDR benutzt werden, käme man zu der Auffassung, dass die BRD kein Rechtsstaat, mithin ein ›Unrechtsstaat‹ sein müsse.« Klaus Emmerich, *In guter Verfassung*, S, 75.

Die Bundesrepublik hat sich durch Missbrauch des Eigentums zur persönlichen Bereicherung weniger Menschen, der Beteiligung an Angriffskriegen, dem Machtmissbrauch der Parteien, der Abhängigkeit der Abgeordneten und weiteren Verfehlungen zu einem Staatswesen entwickelt, wie es durch das Grundgesetz nicht gedeckt ist. Die zur Kontrolle der Einhaltung des Grundgesetzes geschaffenen Institutionen, insbesondere Verfassungsgerichte und Verfassungsschutz, nehmen ihre Aufgaben nicht wahr und decken diese Fehlentwicklungen.

Um das Fehlen einer vom Volk legitimierten Verfassung und die Nichteinhaltung des Grundgesetzes zu übertünchen, wird eine völlig andere Interpretation des Begriffs »Rechtsstaat« öffentlich zelebriert. Rechtsstaat erfordert nach diesem Verständnis offenkundig, dass der Staat durch Gerichtsinstanzen dominiert wird. Der Begriff des »Justizstaats« macht die Runde. Besser wäre von einer »Justizdiktatur« zu sprechen. Die Tatsache, dass anonyme, in keiner Weise irgendwie demokratisch legitimierte Richter über alle Belange des gesellschaftlichen Lebens entscheiden, wird als größte zivilisatorische Errungenschaft gepriesen. Eine besonders undemokratische Rolle spielen dabei die Verwaltungs- und Verfassungsgerichte. Sie maßen sich an oder werden durch verantwortungslose Politiker dazu angerufen, wirtschaftliche und politische Entscheidungen gewählter Organe zu beurteilen und zu korrigieren, ohne dafür die geringste fachliche Qualifikation und demokratische Legitimation zu haben oder Verantwortung übernehmen zu müssen. Die Unabhängigkeit der Justiz an sich ist für sie oberstes und teures Gut.

In Sachen »Justizstaat« ist die BRD in der Tat »Weltspit-

ze«. Im Durchschnitt der EU betragen die Gerichtsaus-
gaben 38,50 Euro je Einwohner, in der BRD 53,15 Euro.
Mit 25,3 Richtern je 100.000 Einwohner hat die BRD
den höchsten Richterstand in Europa (Frankreich 10,4;
Dänemark 6,9).[58]

Unter der Überschrift »Die Fratze des Justizstaats« setzt
sich die Potsdamer Juristin Sibylle Tönnies prinzipiell
mit den Anmaßungen der Justiz, insbesondere mit der
Rolle der »Roten Roben in Karlsruhe« auseinander: »Die
im Grundgesetz eröffnete Möglichkeit, dass Jedermann
mithilfe einer erfolgreichen Verfassungsbeschwerde ein
Gesetz außer Kraft setzen kann, ist keineswegs ein Bestandteil rechtsstaatlicher Verfassungen. Tatsächlich
ist diese deutsche Regelung einmalig und bringt nicht
den Demokratiegewinn, den man sich von ihr erhoffte.
Sie ist im Gegenteil unter demokratischen Verhältnissen problematisch: Einzelne erheben sich über die Ge-
samtheit; die Justiz erhebt sich über die gesetzgebende
Gewalt. In der staatsrechtlichen Debatte wird die Kritik
an der deutschen Regelung unter dem Stichwort ›Justizstaat‹ vorgetragen. Die Kompetenz der Justiz, Gesetze
außer Kraft zu setzen, wird als ›negative‹ Gesetzgebung
in Frage gestellt. Sie stört die Balance der staatlichen
Gewalten: die vom Volk gewählte Legislative wird zugunsten der Justiz entmachtet. Deren Richter sind
nicht demokratisch gewählt.«[59]

Ein sozialistischer Rechtsstaat muss von anderen Prä-
missen ausgehen. Ein sozialistisches Rechtswesen muss
die Diktatur der Justiz durchbrechen und das Primat
der demokratisch legitimierten Politik wiederherstel-

---

58 In: *Der Spiegel* 39/2006.
59 Sibylle Tönnies: »Die Fratze des Justizstaats«. In: *Der Tagesspiegel*,
     11. Dezember 2008.

len. Juristen haben keine politischen Entscheidungen zu treffen, weder im Großen noch im Kleinen. Ob in einem wirklich sozialistischen Staatswesen, in welchem die Repräsentanten demokratisch gewählt, kontrolliert und rechenschaftspflichtig sind, das Wirken von Verfassungs- und Verwaltungsgerichten überhaupt angebracht ist, darf zumindest bezweifelt werden. Ihre Existenz und »Rechtsprechung« in allen politisch und staatlich relevanten Fragen stellt a priori einen Misstrauensbeweis gegen die politischen Instanzen dar.

Medien in Privatbesitz – Ausdruck von Meinungsfreiheit?
Heutige Medien sind das Ergebnis einer erbarmungslosen Konkurrenz um den höchsten Profit. Es lohnt sich, Auszüge aus einer Rede zu lesen, die der ehemalige britische Premierminister Tony Blair zum Abschluss seiner Amtszeit vor Journalisten in Oxford gehalten hat:
»Zeitungen liefern keine aktuellen Nachrichten mehr – die sind bereits (elektronisch) auf dem Markt. Sie brauchen stattdessen Enthüllungsgeschichten, sie müssen Themen setzen, Kommentare abgeben. (...) Das Ergebnis sind Medien, die zunehmend von der Sehnsucht nach Aufmerksamkeit getrieben werden. (...) Aufmerksamkeit schafft Wettbewerbsvorteile. (...) Doch die Sehnsucht nach Aufmerksamkeit lässt die Standards ausfasern, sie treibt das Niveau nach unten. Die Vielzahl der Medien – nicht ihr Einfluss im einzelnen – sorgt dafür, dass die Sensationslust überhand nimmt. (...) Die Folgen sind offenkundig: Erstens: Skandal und Streit verdrängen gewöhnliche Reportagen ... Zweitens: Es reicht nicht, wenn jemand einfach nur einen Fehler macht. Das Ganze muss nach Käuflichkeit riechen, nach Verschwörung. Drittens: Die

Angst, etwas zu verpassen, bedeutet, dass die Medien heute mehr denn je im Rudel laufen ... Viertens: Statt einfach Nachrichten zu berichten, besteht die neue Technik darin, die Kommentierung einer Nachricht so wichtig oder sogar noch wichtiger zu nehmen als die ursprüngliche Nachricht. (...) Das führt zwangsläufig zum fünften Punkt: die Verschmelzung von Nachricht und Kommentierung. Die Wahrheit ist, dass ein großer Teil der Medien heute diese Unterscheidung nicht einfach verwischt, sondern die Verwischung zum Konzept erhebt. (...) All das führt am Ende dazu, dass man Ausgewogenheit in den Medien heute nur noch selten findet. Dinge, Menschen, Themen, Geschichten, alles ist schwarz und weiß ... Wird es schlimmer? Wieder würde ich sagen: ja. In meinen zehn Jahren habe ich beobachten können, dass diese Phänomene immer stärker werden. (...) Doch in Wirklichkeit fehlt Zuschauern und Lesern der objektive Maßstab, um zu ergründen, was eigentlich erzählt wird. In jedem anderen Bereich der Gesellschaft, in dem Macht ausgeübt wird, gibt es Mechanismen der Verantwortlichkeit. Politiker etwa üben Verantwortung nicht nur über die Wahlurne aus, sondern müssen sich Tag für Tag in den Medien verantworten. Freie Presse ist deshalb so wichtig. Reicht ihre Verantwortlichkeit aus? Ich kann hier keinen Königsweg finden.«[60]

Warum eigentlich so ängstlich Mister Blair? Ihre Amtszeit ist beendet, die Medien können Ihnen nicht mehr schaden, und die Antwort haben Sie doch selbst gegeben. Wenn die Konkurrenz und die Vielfalt der Medien die Ursache der Verwerfungen sind, muss die Konkur-

---

60   Tony Blair in: »Bitter im Abgang – Warum die Medien zu einer Gefahr für unsere Gesellschaften werden«. In: *Der Tagesspiegel*, 24. Juni 2007.

renz und Vielfalt beseitigt werden – aber das würde ja wieder das Systemdenken sprengen, und dazu reicht offensichtlich der Mut des ehemaligen Vorsitzenden der Labourpartei Blair doch nicht.

Sehr viel klarer sind die Gedanken Fidel Castros, die er zur Rolle der Medien äußert:

»Als die Massenmedien aufkamen, haben sie sich des Geistes bemächtigt, und sie steuern nicht nur Lügen, sondern auch konditionierte Reflexe. Eine Lüge ist nicht das gleiche wie ein konditionierter Reflex. Die Lüge beeinträchtigt das Wissen, der konditionierte Reflex beeinträchtigt die Fähigkeit, zu denken. Und es ist nicht das gleiche, ob man desinformiert ist oder ob man die Fähigkeit, zu denken, verloren hat, weil die Reflexe deinen Verstand dominieren. ›Der Sozialismus ist schlecht, der Sozialismus ist schlecht, er nimmt das Sorgerecht, er nimmt dir das Haus, er nimmt dir die Frau.‹ Und alle Unwissenden, alle Analphabeten, alle Armen und Ausgebeuteten wiederholen: ›Der Sozialismus ist schlecht, der Sozialismus ist schlecht.‹ So bringt man den Papageien das Sprechen, den Bären das Tanzen und den Löwen eine respektvolle Verbeugung bei.

Sie lehren die Massen nicht Lesen und Schreiben, sie geben eine Milliarde jährlich für Werbung aus, um einen Großteil der Menschen zum Besten zu halten, menschliche Wesen in Personen zu verwandeln, die, so scheint es, nicht mehr denken können … Diese Leute, die so gern von ›Gehirnwäsche‹ sprechen, bearbeiten und reinigen die Gehirne so, dass sie den Menschen seines wunderbaren Schatzes berauben: der Fähigkeit zu denken.

Werden sie in Ländern, die zwanzig oder dreißig Prozent völlige Analphabeten und fünfzig Prozent funktionelle Analphabeten haben, von ›Meinungsfreiheit‹ sprechen?

Mit welchen Kriterien, auf welcher Grundlage urteilen sie und wo? Sogar viele gebildete und intellektuelle Leute wollen einen Artikel veröffentlichen, aber es gibt keinen Weg, dass er erscheint, er wird ignoriert, diskreditiert. Die großen Medien sind zu Instrumenten der Manipulation geworden.

Wir besitzen und nutzen die Medien, um die Kenntnisse unserer Bürger weiterzuentwickeln. Diese Instrumente besitzen eine Rolle innerhalb der Revolution, sie haben Bewusstsein geschaffen, Konzepte, Werte, und das, obwohl wir sie nicht optimal genutzt haben. Wir wissen aber, wozu sie in der Lage sind und was die Gesellschaft im Hinblick auf Wissen, Kultur, Lebensqualität und Frieden mit dem sozialen Gebrauch dieser Medien erreichen kann.«[61]

Zweifelsfrei hat es noch kein sozialistisches Medienwesen gegeben, das diesen Ansprüchen voll gerecht wird. Die Alternative zu der von Blair berechtigt angeprangerten profitorientierten Konkurrenzvielfalt war im praktizierten Sozialismus der sozialistische Einheitsbrei: ADN meldet und das Zentralorgan teilt mit. Alle anderen Medien hatten abzuschreiben und nachzuplappern. Medienkultur in einer sozialistischen Gesellschaft erfordert sicher eine gewisse Medienvielfalt – allerdings weit unter dem Konkurrenzniveau – mit freier Meinungsäußerung. Grenzen sind dort zu setzen, wo Gewalt, niedere Instinkte, Völkerhass und Rassenwahn befriedigt werden oder ein Angriff auf die verfassungsmäßige Ordnung verbreitet werden soll. Um eine einseitige, nur von der Macht abhängige Berichterstattung zu verhindern, ist gerade in diesem Bereich ein hohes Maß an Volks-

61   Fidel Castro: *Mein Leben*. Rotbuch Verlag 2008, S. 598 f.

kontrolle erforderlich. Medienbeiräte unter Einschluss breiter Kreise der Bevölkerung sowie eine umfangreiche Möglichkeit, durch Leser und Hörer die Meinung, unabhängig vom Geldbeutel, zu artikulieren, sollten eine sozialistische Medienkultur prägen.

Aus: *Die sozialistische Zukunft. Kein Ende der Geschichte! Eine Streitschrift.* edition berolina 2014.

Was ist eine »sozialistische Zukunft«?

Um einer sozialistischen Gesellschaft als einziger wirksamer Alternative zum real existierenden Kapitalismus eine Zukunft zu geben, muss sie neu definiert werden. Sie muss ihre eigenständigen Vorzüge für die Mehrheit der Menschen klar zum Ausdruck bringen und sich nicht als bessere Konkurrenz zum Kapitalismus darstellen. Sie ist nicht die Vorstufe zum Paradies einer kommunistischen Gesellschaft, in welcher jeder nach seinen Bedürfnissen lebt. Sie ist auch keine ideale Gesellschaft ohne Widersprüche und Probleme. Vielmehr ist sie eine selbständige, realistische und notwendige Alternative zu einem Kapitalismus, der dabei ist, die Welt zu zerstören. Eine sozialistische Gesellschaft ist vorrangig geprägt durch ein Wirtschaftssystem, das die materielle Gleichstellung der Menschen nach der Leistung beinhaltet. Soziales Markenzeichen ist Arbeit für alle, mit der der Lebensunterhalt selbstbestimmt bestritten werden kann. Sie ist durch Verteilungsgerechtigkeit geprägt. Sie sollte nicht vordergründig ökonomisch an höchster Effektivität und Produktivität im Vergleich zum Kapitalismus gemessen werden. Sozialistische Gesellschaften können auf hoher und auf niederer Stufenleiter gestaltet werden. Sie schließen Demokratie und Freiheit ein. Diese können aber nur auf Grundlage sozialer Sicherheit gedeihen. Demokratie und Freiheit sind keine Werte an sich und für sich, sondern werden entsprechend der sozialistischen Gesamtentwicklung gestaltet. Sozialismus ist immer zugleich Internationalismus und Friedenspflicht. Sozialismus auf Kosten anderer Völker kann es nicht geben.

Albert Einstein über den Sozialismus:

»Unbegrenzte Konkurrenz führt zu einer riesigen Verschwendung von Arbeit und zu dieser Lähmung des sozialen Bewusstseins von Individuen ... Diese Lähmung der Einzelnen halte ich für das größte Übel des Kapitalismus. Unser ganzes Bildungssystem leidet darunter. Dem Studenten wird ein übertriebenes Konkurrenzstreben eingetrichtert, und er wird dazu ausgebildet, raffgierigen Erfolg als Vorbereitung für seine zukünftige Karriere anzusehen.

Ich bin davon überzeugt, dass es nur einen Weg gibt, dieses Übel loszuwerden, nämlich den, ein sozialistisches Wirtschaftssystem zu etablieren, begleitet von einem Bildungssystem, das sich an sozialen Zielsetzungen orientiert. In solch einer Wirtschaft gehören die Produktionsmittel der Gesellschaft selbst, und ihr Gebrauch wird geplant. Eine Planwirtschaft, die die Produktion auf den Bedarf der Gemeinschaft einstellt, würde die durchzuführende Arbeit unter all denjenigen verteilen, die in der Lage sind zu arbeiten, und sie würde jedem Mann, jeder Frau und jedem Kind einen Lebensunterhalt garantieren. Die Bildung hätte zum Ziel, dass die Individuen zusätzlich zur Förderung ihrer angeborenen Fähigkeiten einen Verantwortungssinn für die Mitmenschen entwickeln, anstelle der Verherrlichung von Macht und Erfolg in unserer gegenwärtigen Gesellschaft.

Dennoch ist es notwendig festzuhalten, dass eine Planwirtschaft noch kein Sozialismus ist. Eine Planwirtschaft als solche kann mit der totalen Versklavung des Individuums einhergehen. Sozialismus erfordert die Lösung einiger äußerst schwerwiegender soziopolitischer Probleme: Wie ist es angesichts weitreichender Zentralisierung politischer und ökonomischer Kräfte möglich,

eine Bürokratie daran zu hindern, allmächtig und maß-
los zu werden? Wie können die Rechte des Einzelnen geschützt und dadurch ein Gegengewicht zur Bürokratie
gesichert werden?
In unserer Zeit des Wandels ist Klarheit über die Ziele und Probleme des Sozialismus von größter Bedeutung.«[62]

Ich halte eine offene und zielstrebige Debatte über eine
sozialistische Zukunft heute und jetzt für überlebens-
wichtig für die Menschheit. Dabei sollten wir uns davon
lösen, Sozialismus als einen fertigen Zustand zu definieren, der in 10, 20 oder erst in 50 oder gar 100 Jahren erreicht ist nach der Devise: Heureka, jetzt ist er da, der Sozialismus, beschlossen von einer klugen Parteiführung
oder Regierung! Eine sozialistische Gesellschaft sollte in
einem lebendigen Prozess für jetzt lebende Menschen
entstehen. Er wird auf unterschiedlichen Stufen ablau-
fen und in unterschiedlichen Territorien auch eine unterschiedliche Gestaltungsform annehmen. Wichtig ist,
dass dieser Prozess von Anfang an bestimmten grundsätzlichen Anforderungen entspricht, die ich aus meiner
Sicht dargelegt habe. Auch diese Anforderungen werden
in unterschiedlicher Qualität und Quantität entsprechend den gegebenen Entwicklungsbedingungen umgesetzt werden. Die unwiderrufliche Trennlinie zwischen
sozialistischer und kapitalistischer Gesellschaft verläuft
in der Ausgestaltung der Eigentumsverhältnisse. Überwiegend der Allgemeinheit dienendes gesellschaftliches
Eigentum ist Sozialismus; überwiegend der Bereiche-

---

62   Albert Einstein: »Warum Sozialismus?« – Veröffentlicht in der ersten
      Ausgabe von: *Monthly Review*, New York, Mai 1949. Zitiert in: »Links
      der Dahme«, Januar 2006.

rung einer kleinen Schicht dienendes Privateigentum ist Kapitalismus. Darauf bauen alle anderen Gestaltungs- maximen auf.

Aus: *Die sozialistische Zukunft. Kein Ende der Geschichte! Eine Streitschrift.* edition berolina 2014.

WIE WEITER?

Der Leser, der mir bis hierhin gefolgt ist, wird nun fragen: »Wann kommt sie denn nun, die neue sozialistische Gesellschaft? Die Entwicklungen in Südamerika mögen vielversprechend sein, aber wir leben in Europa, in Deutschland. Welche Chancen gibt es hier für einen sozialistischen Weg?«

Es wäre die Aufgabe der Europäischen Linken hierauf Antwort zu geben. Gibt es diese? Formal ja. Die Europäische Linke wurde als Partei am 8. Mai 2004 in Rom als Zusammenschluss von 15 europäischen Mitgliedsparteien aus dem linken Spektrum gebildet. Die deutsche Partei DIE LINKE ist dabei. Sie ist auch im europäischen Parlament vertreten.

Es lohnt nicht – und ich habe auch nicht die Absicht –, eine tiefgründige Analyse des Wirkens oder besser Nichtwirkens der Europäischen Linken vorzunehmen. Es ist ein erbärmlicher Zustand, dass in einer Zeit, in der das internationale Kapital und die europäischen Regierungen dabei sind, die letzten sozialen Schranken niederzureißen und Millionen Menschen immer stärker in die Armut zu treiben, die Europäische Linke ohne nennenswerten Einfluss ist. Kapital und politische Macht haben sich globalisiert, in Europa in Form der EU. Die linken Kräfte finden in einer das Leben unzähliger Menschen bedrohenden Situation zu keiner gemeinsamen Sprache, geschweige denn Aktionen. Wie dringend notwendig wäre es, den griechischen, spanischen, portugiesischen und anderen von den Klauen des Finanzkapitals am stärksten ausgepressten Völkern durch internationale gemeinsame Aktionen zu begegnen. Nichts dergleichen. Man stelle sich nur einmal vor, was erreichbar

wäre, wenn sich die geschundenen Völker zu einem einheitlichen Generalstreik aufraffen könnten, so lange bis
der Spuk vorbei ist. Warum kann das die Europäische
Linke nicht?

Zum Charakter und zur Rolle der Europäischen
Linkspartei (EL)[63]
»Die EL ist eine ›europäische‹, d. h. eine EU-Partei,
die sich gemäß der ›Verordnung Nr. 2004/2003 des
EU-Parlaments und des Rates vom 4. November 2003
über die Regelungen für politische Parteien auf euro-
päischer Ebene und ihre Finanzierung‹ gebildet hat.
Das bedeutet, ›sie beachtet insbesondere in ihrem Programm und in ihrer Tätigkeit die Grundsätze auf denen die Europäische Union beruht‹. (Art. 3c) Ähnlich
ist es mit der Finanzierung: Die EU-Parteien erhalten
Mittel aus dem EU-Gesamthaushaltsplan, wenn sie
einen entsprechenden Antrag stellen und dieser be-
willigt wird. Hierbei werden das politische Programm
und die Satzung nach diesen und weiteren juristischen und finanztransparenten Kriterien begutach-
tet. Kurzum: Die EL unterwirft sich dem Regelwerk
und der grundsätzlichen Ausrichtung der EU und hat
sich dazu zu bekennen, anderenfalls verliert sie ihren
Status als EU-Partei und/oder die finanziellen Zuwen-
dungen der EU, die rund 75 Prozent des EU-Budgets
ausmachen.«

Ich bin kein Zukunftsforscher, denn diese sind unseriös.
Niemand ist in der Lage, die gesellschaftspolitischen, ja,
nicht einmal die natürlichen und ökonomischen Ent-

---

63   In: *RotFuchs*, März 2014, S. 17.

wicklungen begründet vorauszusagen. Es wird von unserem Tun abhängen, bis wann wo was erreicht wird. Ich teile jedoch Auffassungen, die besagen, dass Sozialismus eine Aufgabe ist, die in den nächsten Jahrzehnten zu erledigen ist. »Die welthistorische Zeit wird knapp. Entweder wird die Menschheit in den nächsten Jahrzehnten mit der Überwindung des Imperialismus den Weg beschreiten, der im Sozialismus im 21. Jahrhundert zur Versöhnung mit der Natur und mit sich selbst führt, oder er könnte durch Selbstvernichtung und eine möglicherweise gleichzeitigen Vernichtung der Biosphäre führen. Eine andere Alternative ist nicht in Sicht.«[64] Was können und müssen wir tun?

Als Erstes brauchen wir Klarheit, was wir wollen. Danach müssen wir diese Klarheit unter viele Menschen tragen. Dazu ist es notwendig, völlig neue Wege zu beschreiten. Warum gibt es unter Tausenden von Fernsehkanälen keinen einzigen international vernetzten linken Kanal? Warum werden nicht unerhebliche staatliche Mittel von linksorientierten Stiftungen auf alle möglichen und unmöglichen Randprobleme konzentriert, statt Bildung auf die sozialistische Alternative zu konzentrieren? Warum konkurrieren linke Massenmedien unter sich und können sich nicht vereinigen? Warum wird in Zeiten des Internets dieses zwar von einzelnen linken Organisationen genutzt, aber nicht vernetzt und verzahnt, um gemeinsame Aktivitäten zu vereinbaren? Warum muss jede linke Organisation sich ihre eigenen politischen Höhepunkte organisieren und ist nicht bereit, sich zu koordinieren? Warum grenzen sich linke Parteien und Organisationen nicht nur untereinander, sondern sogar

---

64   Ingo Wagner: »Für einen Sozialismus im 21. Jahrhundert«. In: *Marxistisches Forum*, Heft 54, S. 15.

in sich selbst ab? Wir brauchen nicht pessimistisch in die Zukunft blicken, wenn wir uns vereinen.

»Ich bin aber überzeugt, dass wir gegen die Vorherrschaft kapitalistischer Interessen nur etwas ausrichten oder sie gar überwinden können, wenn es gelingt, diese verschiedenen sozialen, ökologischen, demokratischen, emanzipatorischen, friedenspolitischen Kräfte zusammenzubringen. Die konkrete Arbeit besteht darin, diese allgemeinen (sozialistischen) Prinzipien den Mehrheiten nahezubringen, damit sie zur materiellen Gewalt werden.«[65]

Demzufolge halte ich drei Schritte für unumgänglich. Zum Ersten den Menschen eine Vision vom Sozialismus zu vermitteln, die sie bereit sind, mitzutragen. Dazu wollte ich mit meinem Buch beitragen. Zweitens ein »Handlungskonzept« auszuarbeiten, wie diese Vision konkret ausgestaltet werden und umgesetzt werden kann. Die Kraft eines Einzelnen reicht dazu nicht aus. Ich unterbreite jedoch einen – sicher unvollständigen – Fragekomplex. Die Ausarbeitung dieses Handlungskonzepts müsste in einem – sicher außerhalb agierender Parteien – kompetent besetzten Gremium unvoreingenommen denkender Intellektueller unter Einbeziehung breiter Kreise zur Diskussion erfolgen. Zum Dritten ist es erforderlich, grundlegende Klarheit darüber zu gewinnen, welche Kräfte in der Lage sind, diese Umgestaltung in Angriff zu nehmen und zu organisieren.

---

65   Heinz Dieterich in: Ebd., S. 143.

EIN HANDLUNGSKONZEPT ZUR ÜBERWINDUNG DES
KAPITALISMUS

Die Annexion der DDR wurde über Jahrzehnte in Bonner Regierungsstuben detailliert konzipiert. Vom Forschungsbeirat für gesamtdeutsche Fragen lagen Einzelempfehlungen über die Enteignung der volkseigenen Betriebe, die Rücknahme der Bodenreform, die Währungsreform, zur Zerschlagung der Gewerkschaften und vieles andere vor, die 1989/90 – entgegen der Auffassung eitler und selbstverliebter Politiker, die vorgeben, erst alles erfunden zu haben – aus den Panzerschränken geholt wurden. Etwas Entsprechendes braucht die europäische und speziell die deutsche Linke, um nicht erneut konzeptionslos der politischen Entwicklung nachzulaufen, wenn die historischen Bedingungen zu grundlegenden Veränderungen herangereift sind. Dazu bedarf es nicht nur ausdiskutierter Grundsätze, sondern eines ausgereiften Handlungskonzeptes.

Fragestellungen für ein Handlungskonzept zur Überwindung des Kapitalismus
1. Wie wird Privateigentum in Volkseigentum überführt?
➤ Bodenschätze, Grund und Boden, Wälder, Seen
➤ Öffentliche Güter – Wohnung, Gesundheitswesen, Energieversorgung, Transport
➤ Finanzwesen – Banken, Versicherungen
➤ Schwerindustrie
➤ In welchem Umfang ist Privateigentum zweckmäßig
➤ Wie wird die Bevölkerung am Volkseigentum beteiligt
➤ Welche reale Mitbestimmung gibt es

2. Wie wird Vollbeschäftigung gesichert?
➢ Wochenarbeitszeit, Urlaub, Renteneintritt
➢ Staatliche und betriebliche Rechte in der Arbeitszeitgestaltung

3. Wie werden die Finanzbeziehungen gestaltet?
➢ Einschränkung der Bankstrukturen und Konzentration auf die Kernaufgaben
➢ Verbot von Spekulationen
➢ Auslandsverkehr
➢ Preisgestaltung
➢ Abgabenordnung

4. Wie wird ein volkswirtschaftlich vernünftiges Plansystem gestaltet?
➢ Zentrale Steuerung
➢ Eigenverantwortung

5. Wie wird die Staatsmacht demokratisiert?
➢ Wahlverfahren und Rechenschaftspflicht
➢ Gerichtsbarkeit
➢ Volkskontrolle

6. Wie wird die Medienlandschaft neu konzipiert?
Niemand möge sich der Illusion hingeben, dass der Zerfall der kapitalistischen Ordnung um Europa und Deutschland einen Bogen machen wird. Er ist bereits in vollem Gange. Es gilt, keine weitere Zeit zu verlieren und national wie international die Kräfte zu bündeln, die tatsächlich die Überwindung dieses todkranken Systems wollen.

Dazu sind neue Kräftekonstellationen notwendig. Die entscheidende Frage für die Umgestaltung einer Gesellschaftsordnung in eine andere ist die Frage der Macht. Wie gelingt es, ein wie auch immer noch existierendes, mit allen Machtmitteln ausgestattetes Staatswesen grundlegend zu verändern?

Die Utopien von der Veränderung an der Wahlurne oder die Transformation der Gesellschaft in klitzekleinen Schritten sind bevorzugte Varianten, die niemandem wehtun. Bei meinen Recherchen zu dieser Problematik bin ich jedoch auf einen Konferenzbeitrag einer lateinamerikanischen Politwissenschaftlerin gestoßen, der die Erfahrungen ihres Subkontinentes verallgemeinert und Anlass zu tiefem Nachdenken sein sollte. Sie betont die notwendige Einheit von Ziel und Mittel. »Wenn wir das trennen wollten, dann wollen wir die Welt verändern, ohne die Macht zu übernehmen. Oder die Macht übernehmen, ohne die Welt zu verändern.«[66]

Wir wollen keinen Kapitalismus ohne Kapitalisten
Die Autorin stellt die Machtfrage in völlig neuen Zusammenhang, und zwar nicht in einer irgendwie angelegten Führung von »oben«, sondern als Macht von »unten«. Sie geht davon aus, dass die Machtfrage nicht aus dem Studium von theoretischen Texten, sondern aus der Praxis der sozialen Bewegungen heraus neu gefasst werden muss. »Die sozialen Bewegungen sind

---

[66] Isabel Rauber, Argentinische Politikwissenschaftlerin und Philosophin, Universität Havanna, Konferenzbeitrag 2006 in: »Lateinamerika im Aufbruch«. In: *Helle Panke*, Heft 85, S. 39 ff.

entstanden als ein Ausdruck der Verzweiflung der Armen, ihres Bewusstwerdens, dass sie allein gelassen sind.« Sie wendet sich gegen das Dogma, dass die Veränderung der Macht von der Arbeiterklasse ausgeht und es notwendig sei, dazu einer Partei anzugehören.

»Die Arbeiterklasse kann es nicht tun, denn das zentrale Problem dieser Gesellschaft in der ganzen Welt ist das der Arbeit. Die politischen Parteien müssen sich verändern. Wenn man sich nur auf die politischen Parteien beschränkt und die sozialen Bewegungen außer Acht lässt, dann hat man keinen Erfolg. Diese eingeschränkte Politik der Parteien bedeutet, dass man sich auf die institutionelle Frage von Wahlen beschränkt, anstatt eine gesellschaftliche und politische Kraft für Veränderungen aufzubauen. Unsere Parteien richten sich im Wesentlichen auf die Diskussion über die Besetzung von Posten und die parlamentarische Vertretung.

Solche Fragen wie ›Wer ist links?‹ – das sind nicht die Fragen. Politik muss sich darauf orientieren, in jeder konkreten Situation die Potentiale aufzugreifen, die vorhanden sind, um die eigenen Kräfte zu stärken. Venezuela zeigt, dass Regierung nicht Macht bedeutet, sie ist ein Teil der politischen Macht. Ebenso wenig ist der Staat die Macht, er ist ein Werkzeug zur Veränderung. Das zeigt, dass man die Welt verändern kann. Man muss aber wissen, wie, mit dem Volk als Handlungsträger, nicht mit dem Volk als Handlungsträger, das irgendwie gesteuert werden muss. Venezuela lehrt uns, dass man sich mit den vorgefundenen staatlichen Strukturen auseinandersetzen muss und einen Parallelstaat aufbauen muss.

Unser gesamter Begriff von der sozialistischen Gesellschaft war auf dem Begriff der Gegenmacht aufgebaut, und als Gegenmacht hatten diese Gesellschaften viele Übel übernommen, die aus der Logik des Kapitals überliefert waren, denn die Macht wurde nach dem Modell des Kapitals, der beherrschten Gesellschaft aufgebaut, nur umgekehrt. Wir wollen aber eine andere Macht, die Schluss macht mit der Logik des Kapitals. Wir wollen keinen Kapitalismus ohne Kapitalisten. Das ist es, was wir neu erfinden müssen: alle gemeinsam aufzubauen, von unten her.«

Ohne zu wiederholen und zu interpretieren: Diese Gedanken und Erfahrungen aus Lateinamerika sind grundlegend und wegweisend. Sie sind das genaue Gegenteil von den illusionären Vorstellungen der Reformations- und Transformations-»Sozialisten«, die auf den emanzipatorischen Errungenschaften der bürgerlichen Ära aufbauen wollen. Die Europäische Linke ist in die Situation gekommen, dass nicht sie ihren jahrhundertealten Erfahrungsschatz den um eine bessere Welt ringenden Völkern vermittelt, sondern von diesen grundlegende Erfahrungen vermittelt bekommt. Ein Armutszeugnis für die europäischen Linken ohnegleichen.

Dabei dürfte die Gedankenwelt einer Gegenmacht von unten denen der deutschen Arbeiterklasse nicht so nfremd sein. Über den Gründungsparteitag der KPD im Januar 1918 kann man nachlesen: »Die auf dem Parteitag vorgetragenen organisationspolitischen Vorschläge zielten nicht auf die Verankerung eines die Mitglieder entmündigenden demokratischen Zentralismus, sondern sahen autonome Basisorganisationen in Betrieben und Wohngebieten vor. Nicht eine das Volk vertretende Vorhutpartei, nicht irgendwelche Behörden oder Institutionen, sondern die Massen selbst sollten ihre wirklichen Interessen wahrnehmen und durch eigene Aktivität, Schritt um Schritt den Sozialismus ins Leben einführen.«[67]

Das Szenario der weltweiten gesellschaftlichen Veränderung zeichnet sich ab: Je mehr Blöcke sich vom internationalen Kapital abnabeln, umso mehr werden diesem die Verwertungsbedingungen entzogen. Das Beispiel Lateinamerika wird Schule machen, je erfolgreicher es sich entwickelt.

Mit umso größerer Härte und Konzeptionslosigkeit wird das Kapital die Ausbeutung und Entwürdigung des menschlichen Wesens in seinen noch bestehenden Einflussspären vorantreiben. Die Exzesse in Südeuropa sind erst der Anfang. Dadurch bildet sich eine immer größere Schicht der Ausgestoßenen, die letztlich die Hemmschwelle durchbricht und in sozialen und politischen Massenbewegungen grundlegende Veränderungen erzwingen wird. Die Bevölkerungsexplosion in den ärmsten Ländern wird ihren traurigen Beitrag dazu leisten. Die Milliarden Menschen, die in den nächsten Jahrzehnten hinzukommen, werden überwiegend in bitterste Armut hineingeboren. Der soziale und politische Sprengstoff steigt immens.

Es bleibt die Frage, wie dieser Sprengstoff so gezündet werden kann, dass er in positive Bahnen gelenkt wird. Alle wesentlichen politischen Veränderungen in den letzten Jahrzehnten – ob als Revolution, Konterrevolution oder spontane Erhebung, mit welchem Ergebnis auch immer – haben ihren Ausgangspunkt in Erhebungen von großen Teilen des Volkes genommen,

---

67 Günter Benser: »Geburtsfehler und Illusionen?« In: *Neues Deutschland*, 4./5. Januar 2014.

nicht durch Parteien und Parlamente. Dabei heißt Revolution nicht automatisch Gewalt. Revolution heißt: Grundlegende Umgestaltung der gesellschaftlichen Verhältnisse. »Daraus entsteht die Frage, welche Bedingungen vorhanden sein müssen, um eine solch prinzipielle Umgestaltung einer Gesellschaftsformation gewaltfrei vornehmen zu können. Offensichtlich bestehen diese Bedingungen darin, dass das bis dahin in diesen Ländern herrschende System innerlich so ausgehöhlt, so uneffektiv, so erfolglos geworden ist, dass sich kaum eine Hand zu seiner Aufrechterhaltung oder gar Verteidigung rührt. Das Vertrauen der Mehrheit der Bevölkerung in die politische Führung war verloren und ihre Glaubwürdigkeit preisgegeben.«[68]
Das Hoffen auf ein höheres Wesen, ob Gott, König, Partei, Regierung oder Parlament, erweist sich als Illusion. Nur wenn die Völker ihre Geschicke in die eigenen Hände nehmen, ist Veränderung möglich und wird letztlich auch erfolgen.

Aus: *Die sozialistische Zukunft. Kein Ende der Geschichte! Eine Streitschrift.* edition berolina 2014.

---

[68]   Herbert Meißner – unveröffentlicht.

Anlage: Übersicht über meine öffentlichen Publikationen zur Thematik

Ist sozialistischer Kapitalismus möglich? Erfahrungen und Schlussfolgerungen aus zwei Gesellschaftssystemen. edition ost 2003. (vergriffen)

Die Schulden des Westens. edition ost 2010. (vergriffen)

Es reicht: Zwanzig Jahre ausgeplündert, ausgegrenzt, ausgespäht. Hrsg. mit Siegfried Mechler. Verlag am park 2010.

Der Osten hängt am Tropf. Wie die Regierung uns belügt. Fakten kontra Propaganda. Gemeinsam mit Wolfgang Kühn. edition berolina 2012.

Die sozialistische Zukunft. Kein Ende der Geschichte! Eine Streitschrift. edition berolina 2014. (Restbestände beim Autor erhältlich)

Die zementierte Spaltung. Der Osten bleibt abgehängt. Fakten, Zahlen, Statistiken. Gemeinsam mit Wolfgang Kühn. edition berolina 2014.

Gefährliche Illusionen – Die Transformationspolitik in der Kritik. Hrsg. mit Matthias Werner. Verlag am Park 2015.

Wer verkaufte die DDR? Wie leitende Genossen den Boden für die Wende bereiteten. edition berolina 2016.

Eigentum verpflichtet. Beiträge zur Kritik an einer antisozialen Politik. Hrsg. mit Matthias Werner. edition ost 2016.